赤ちゃんと絵本をひらいたら

ブックスタート
はじまりの10年

赤ちゃんと絵本をひらいたら

ブックスタート
はじまりの10年

NPOブックスタート 編著

岩波書店

はじめに

絵本をひらくことで、だれもが楽しく
赤ちゃんとゆっくり心ふれあうひとときを持てるように

こんな時間を持つきっかけを届けようと、「ブックスタート」という活動が日本各地に広がっている。ブックスタートとは、地域に生まれたすべての赤ちゃんと保護者を対象に、赤ちゃんと絵本をひらく時間の楽しさを実際に体験してもらいながら、絵本が入った「ブックスタート・パック」を手渡す、という活動だ。

ブックスタートの始まりは、一九九二年に英国第二の都市であるバーミンガム市で試験実施が行われたところまでさかのぼる。日本では二〇〇〇年の「子ども読書年」に活動が紹介されたのを機に、急速に全国の市区町村自治体に広がった。これまで全国で二百万人を超える赤ちゃんが対象となり、各地域で活動に携わる人の数は一万人を超えていると思われる。日本の活動の推進団体であるNPOブックスタート（特定非営利活動法人ブックスタート）は、活動の理念を正確に伝え、各地域で充実した活動を継続できるよう、様々な推進活動を行っている。

私たちNPOブックスタートがこの本をまとめようとした理由のひとつは、各地域でブックスタートに携わる人たちに、正確で全体的な情報を提供したいと考えたからだ。私たちはこれまで、英国のブックスタートを知り、日本で活動を立ち上げ、各地の関係者と一緒に日本のブックスタートを作り上げてくる中で、多くの人々の期待や共感、協力や支援、そして予期しなかった動きが生まれてくるのを体験した。その大きな動きのただ中にいた当事者として、それをできるだけ正確に記録し、伝えたい。

また各地で取り組まれている活動を紹介することによって、現代の地域社会の子育てをめぐる現場に何が起きていて、どういう人々が、何を考えながら、どんな課題に取り組んでいるのかが垣間見えてくるのではないかと思っている。そして英国と日本の活動の歩みをたどり、現在に至るまでの出来事を紹介する中で、ブックスタートがなぜこれほど多くの人々の関心を集めたのか、さらに私たちが各地の人々とともにどのようなことを考え、何を大切にしながらここまで歩んできたのかについても、併せて伝えられればと思う。

第一章では、全国に広がるブックスタートの現在をデータを用いて紹介し、さらにNPOブックスタートの役割と事業を紹介する。第二章では、私たちが英国のブックスタートとどのように出会い、そこで何を学んだのか、そして日本での活動の開始と推進組織の立ち上げについて記す。

第三章では、全国の事例の中から特徴のある三つの地域を取りあげ、具体的な活動がどのように展開しているのかをまとめる。第四章では、それ以外の多くの地域の活動や社会の動きが、日本のブックスタートをどのように形作り、そこにどのような影響を与えてきたのかについて考えてみたい。第五章では、私たちが活動の将来について考えていることをまとめ、併せて世界各国に広がる活動についてもふれる。そして、その後には座談会を収めた。異なる専門分野から見たブックスタートの可能性や、赤ちゃんと絵本をひらくとはどういうことなのかについて、四氏に語っていただいた。

各地で取り組まれているブックスタートの様子をまずは知りたいという方は、先に第三章の事例から読んでいただければと思う。本書では、それぞれの項目に書かれている内容をできるだけタイトルに反映させ、目次から内容がたどれるようにした。関心のあるところから、読み進めていただきたい。

この本の編著者はNPOブックスタートだが、本文中の「私たち」は、それがどの時点の話であるかによって構成メンバーが異なる。それは、ブックスタートの立ち上げ以来、私たちがゆるやかな枠組みの中で多くの人たちとともに、知恵やアイデアを出し合いながら活動を推進してきたからだ。また、実際に地域で活動に携わる人たちとも一緒にブックスタートの進むべき方向について考え続けてきた。本文中では混乱のないように、できる限りその時々のメンバーを明らかにしたが、やはり読みにくさも残っているかと思う。どうかご了承いただきたい。そして本書では事実の直接的な経緯を記すことを心がけたため、原則として敬語表現を採らなかったことをお断りする。また本文中に登場する人物名、所属や肩書き、団体名、行政施設の数などは基本的に当時のものを使用している。

この本を通じて、各地で活動に携わる方たちがブックスタートに対する理解を深め、それを取り組みのさらなる充実につなげてくださることを願う。そしてブックスタートに関心を持ってくださる方にとって、この本が活動を支援し、より多くの地域での実施に向けて力を貸すきっかけになることを願っている。

ＮＰＯブックスタート

企画・構成
白井　哲
佐藤いづみ（執筆担当）
斉藤かおり
鎌田まり子

目次

赤ちゃんと絵本をひらいたら

ブックスタート
はじまりの10年

第一章　ブックスタートの現在

笑顔が広がる健診会場 ―― 栃木県野木町の取り組み

日本各地で実施されている乳幼児健康診査（以下、健診）は、「母子保健法」によって定められた一歳六か月と三歳のほか、生後三―四か月、六―七か月、九―十か月などの成長段階に応じて行われる。市区町村が実施主体となり、自治体の保健センターで行ったり、医療機関などに委託することもある。どの月齢でどのような方法で行うのかは、自治体ごとに決められている。「赤ちゃんの健康管理や病気の早期発見など」を目的としているその健診の多くは、身体測定、問診、医師による診察、栄養相談や離乳食の説明などのいくつかの項目で構成されているが、ここ栃木県野木町《のぎまち》の保健センターで行われている四か月児健診にはもうひとつ「ブックスタート」という項目が組み込まれている。健診の実施主体である同町の健康福祉課と町立図書館、住民のボランティアが協力しながら、二〇〇四年から行っている取り組みだ。

健診を受診した親子が最後に図書館員に案内されるのは、健診会場の一画に設けられたブックスタートの部屋。中央に大きなカーペットが敷かれ、そのまわりには赤ちゃん向けの絵本やぬいぐるみが置かれている。

五組ほどの親子が輪になってカーペットに座ると、ブックスタートが始まる。まず輪の中央に座ったボランティアが、うさぎのぬいぐるみを赤ちゃんに見立てて膝の上に乗せ、わらべうたをひとつ歌う。

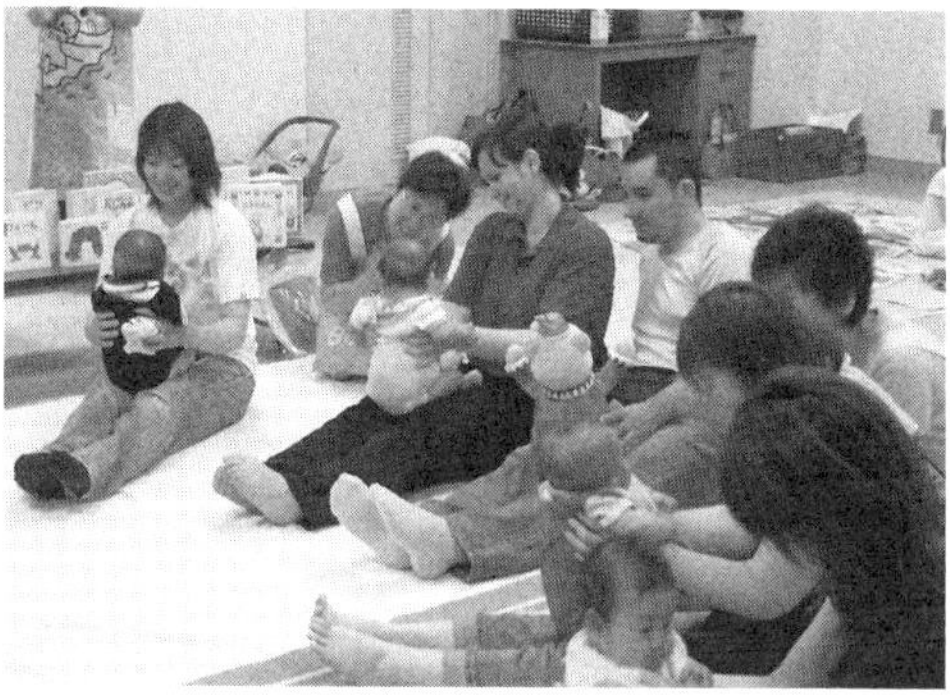

うまはとしとし　ないてもつよい
うまはつよいから　のりてさんもつよい
パッカパッカ　パッカパッカ

「馬のようにすくすくと育ってほしい、というわらべうたです。一緒にやってみましょう」とボランティアは続ける。そこで保護者は赤ちゃんを膝の上に座らせ、リズムに合わせて自然に体を動かしはじめる。単純なメロディーと覚えやすい言葉を一緒に口ずさむ保護者もいる。ボランティアが「のりてさん」の部分を一人ひとりの赤ちゃんの名前に変えて歌うと、赤ちゃんもどこかうれしそうな表情になり、保護者もわが子をにっこりと見つめる。こうしてその場の雰囲気がや

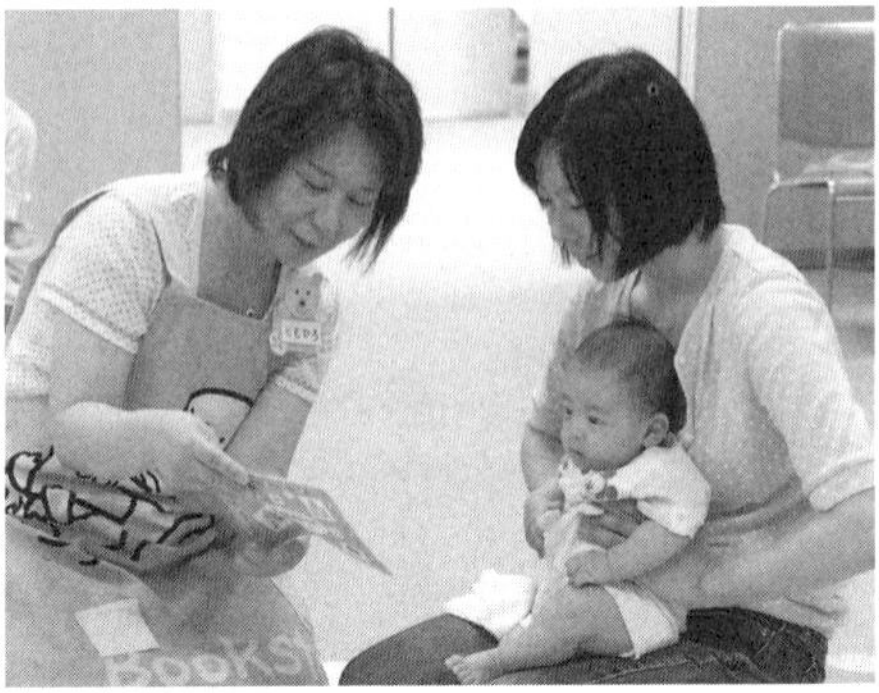

わらかくなったところで、今度はそれぞれの親子の横で一緒にわらべうたを楽しんでいたボランティアが、「ブックスタート・パック」を手に一組ずつの親子の方を向いて話しはじめる。

「〝ブックスタート〟という言葉をご存知ですか。野木町に生まれたすべての赤ちゃんに、親子の触れあいをたくさん味わってほしいと思い、始めました。」

パックの中から絵本を取り出し、実際に赤ちゃんの目の前でページを開く。すると赤ちゃんは興味津々といった様子でじーっと絵を見たり、読んでいる人の目や口元を不思議そうに見つめたり、声の響きや調子に耳をすませて手や足を動かしたりする。すっかり絵本の世界に入り込んだ赤ちゃんの中には、声を出して笑って喜んだり、全身を使ってうれしさを表す子もいる。赤ちゃんの楽しみ方は様々で、まわりの大人はそのかわいらしい様子を見ながら、ゆったりとした楽しい気分になってくる。

「赤ちゃんはまわりの人のぬくもりを感じながら言葉をかけてもらうのが大好きです。おうちでもお歌を歌ったり、手遊びをしたりというのと同じように、ぜひこの絵本を使って楽しんでください。絵本はボロボロになっても素敵な思い出になりますので、大きくなるまでとっておいてあげてくださいね。」

パックの中には図書館や地域の子育て支援に関する資料も入っている。ボランティアはそれも手に取って説明しながら「地域みんなで子育てを応援していますから、絵本のことでも子育てのことでも、何か困ったことがあれば、いつでも図書館や保健センターに相談に来てください」と伝えて、ブックスタート・パックを手渡す。手渡す側も、受け取る側も、その場にいるだれもが笑顔になってしまうのが、野木町のブックスタートだ。

だれが・いつ・どこで――ブックスタートの実施

ブックスタートは市区町村*単位の自治体で実施されるが、どの自治体でも同じ方法で行われているわけではない。地域によって実施する場や対象となる赤ちゃんの月齢、だれがパックを手渡すかといった実施方法は様々だ。しかし「地域に生まれたすべての赤ちゃんを対象としている」「赤ちゃんと保護者が、絵本を見ながらゆっくり心ふれあうひとときを持つきっかけをつくることを目的としている」、そして「赤ちゃんと絵本を開く時間の楽しさを実際に体験してもらいながら、絵本が入ったブックスタート・パックを手渡す」という点は共通している。また「地域で、絵本・赤ちゃん・子育てといった分野に関係する行政機関や人々が連携して実施する」という点も、ブックスタートの大きな特徴のひとつだ。

＊ここでの区は東京都の特別区（二十三区）を指す。

ワーキンググループを組織する

ブックスタートを実施する自治体では、まず活動に関わる行政機関の担当者を中心に構成される「ワーキンググループ」が組織される。多くの場合、公共図書館（以下、図書館）や保健センター、子育て支援を担当する部署のほか、ボランティアの市民もメンバーとして参加している。人数は数名から百名規模まで様々だが、平均すると十五名ほどで構成されている。

ワーキンググループは、その地域での実施方法を検討し実際の活動を行うだけではなく、手渡す絵本を選考してパックの準備をしたり、ブックスタートの前後に赤ちゃん向けのおはなし会を開催するなど、フォローアップ活動を行ったりする。ワーキンググループには全体のまとめ役を担う「事務局」が置かれるが、どの機関がその役を担うかは地域によって様々だ。事務局は各機関との打ち合わせ会議を設定し、組織間の意見の調整を行う。またブックスタート・パックの注文などの実務作業を担当し、ＮＰＯブックスタートとの連絡窓口にもなる。さらに活動を開始する前後に、関係者がブックスタートそのものや、赤ちゃんとの絵本の楽しみ方や赤ちゃんの発達などについて学ぶ研修会を企画したりもする。この事務局を中心に、各機関やボランティアが「地域の赤ちゃんの健やかな成長」「地域の子育て環境の充実」という共通の目的を持って、それぞれの専門性や立場を活かしながら協働関係を築いていくことが、活動を充実したものにするためには不可欠である。

ワーキンググループの構成例

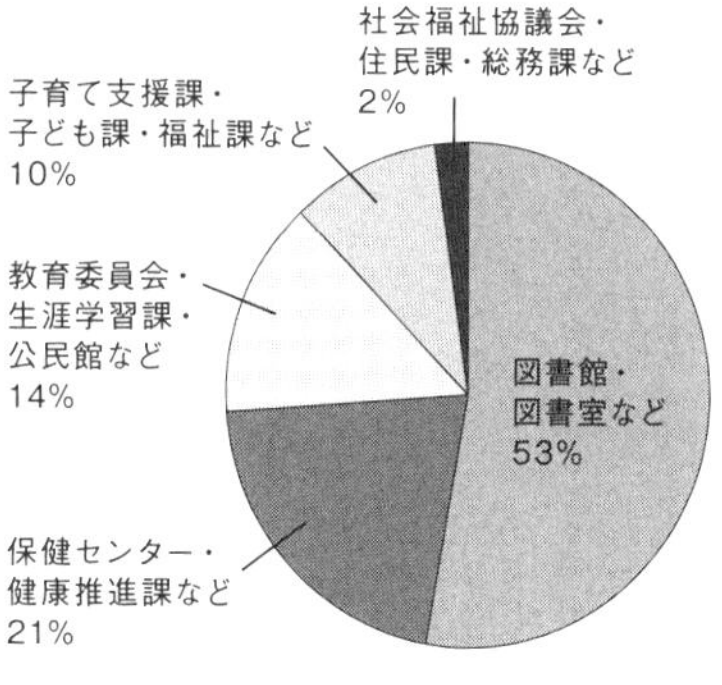

事務局を担う機関
（2008年度実施自治体データをもとに集計）

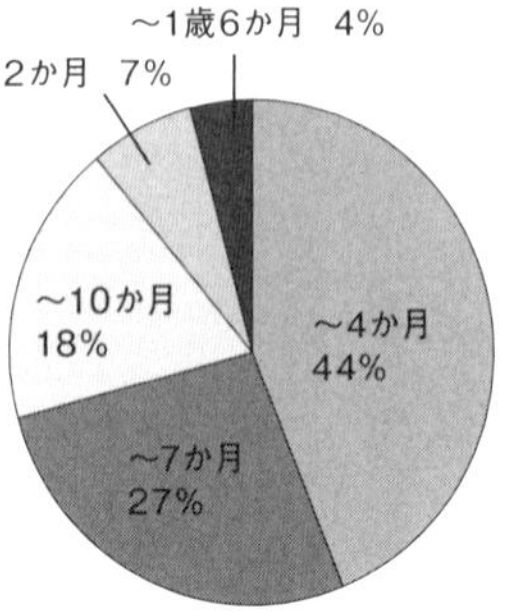

対象となる月齢
（2008 年度実施自治体
データをもとに集計）

すべての赤ちゃんが対象となる「集団の保健事業」

各自治体の実施機会を調べてみると、九二％の自治体では先に紹介した野木町のように、その地域で行われている乳幼児健診や育児相談などの集団の保健事業に合わせて機会を設けている。こうした保健事業はその地域に住むすべての赤ちゃんを対象にしているため、絵本に対する関心の高低にかかわらず、すべての対象者に出会える可能性が高いからだ。しかし中には保健センター等ではブックスタートの対象月齢期にそうした事業をしていない自治体もあり、その場合には保健師等による家庭訪問などの機会*に合わせて行われることもある。

多くの自治体では乳幼児健診が行われている月齢に合わせて実施している。できるだけ早い時期に〝きっかけづくり〟をしたいと考えて、赤ちゃんが四か月になるまでに行う自治体が多いのに対し、もう少し上の月齢を対象にした方が、赤ちゃんの反応も分かりやすく、保護者により関心を持ってもらえるのではないかという理由で、七か月児や十か月児を対象とする自治体もある。

＊厚生労働省は二〇〇七年度より、生後四か月までの乳児のいる全戸への家庭訪問を行う「こんにちは赤ちゃん事業」を全国的に実施している。市区町村が実施主体となり、子育て支援に関する情報

を提供したり、支援が必要な家庭への適切なサービスの提供を目的としている。

普及状況

ブックスタートは実施を決めた自治体から順に開始されている。二〇〇一年四月に一二市町村で開始した活動は、二〇〇九年十二月末の時点で、全国に一七九五ある市区町村自治体の四〇・五%にあたる七二七市区町村で行われている（NPOブックスタート調べ）。二〇〇八年には、日本に一〇九万一一五六人の赤ちゃんが生まれ、そのうちの約四十万人がブックスタートの対象となった。大きな関心を集めた最初の数年間は特に急速に全国各地に広がり、二〇〇四年頃からその勢いはゆるやかになったが、現在も取り組みを開始する自治体は着実に増え続けている。

北海道恵庭市
茨城県明野町（現 筑西市）
群馬県松井田町（現 安中市）
新潟県西山町（現 柏崎市）
富山県高岡市
長野県阿智村
岐阜県川島町（現 各務原市）
静岡県細江町（現 浜松市）
愛知県幡豆町
鳥取県東伯町（現 琴浦町）
島根県瑞穂町（現 邑南町）
香川県三野町（現 三豊市）

2001 年 4 月に実施を開始した自治体

実施自治体と全国の市区町村の人口規模構成を比較すると、活動の普及と人口規模には特に

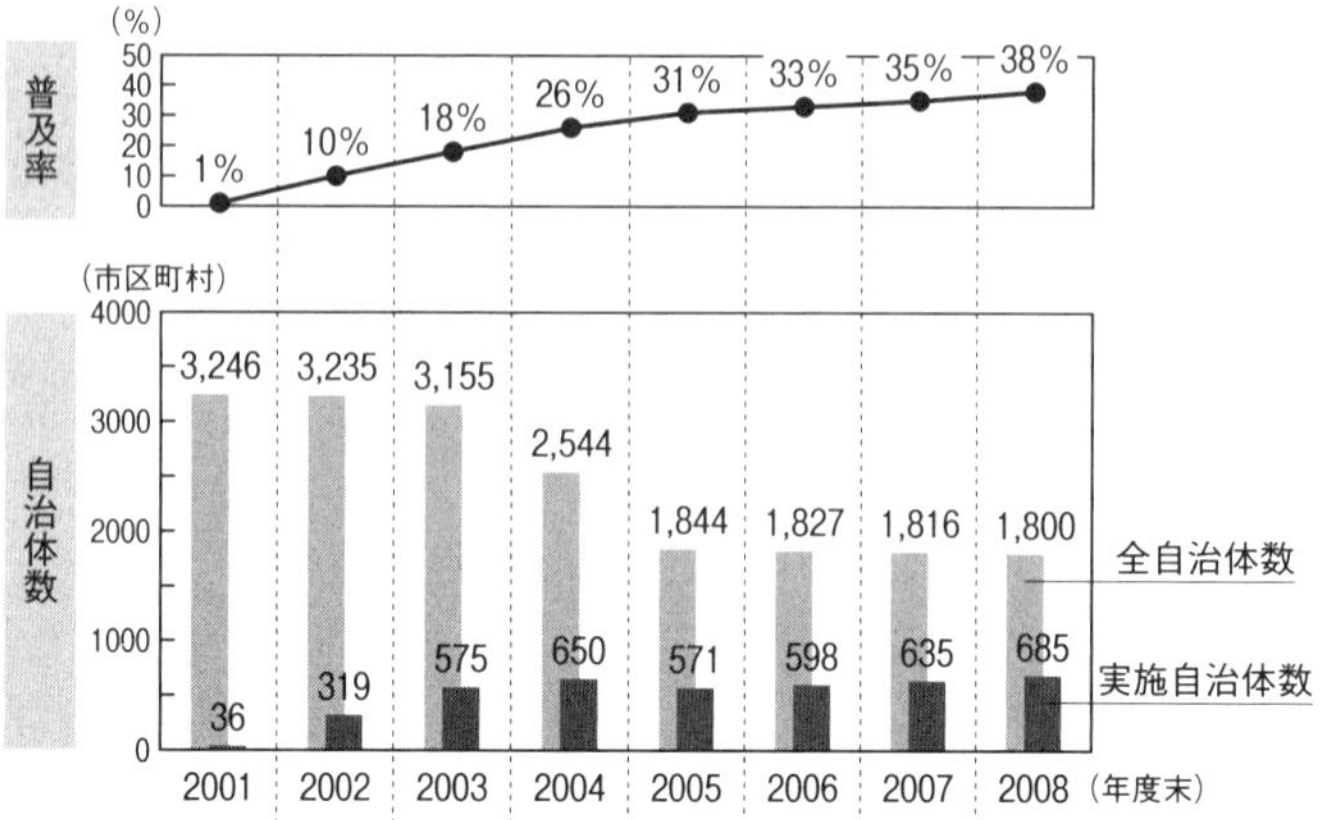

※全自治体数が大きく変化しているのは，市町村合併の影響による．

実施自治体数と普及率の推移
(NPO ブックスタート調べ)

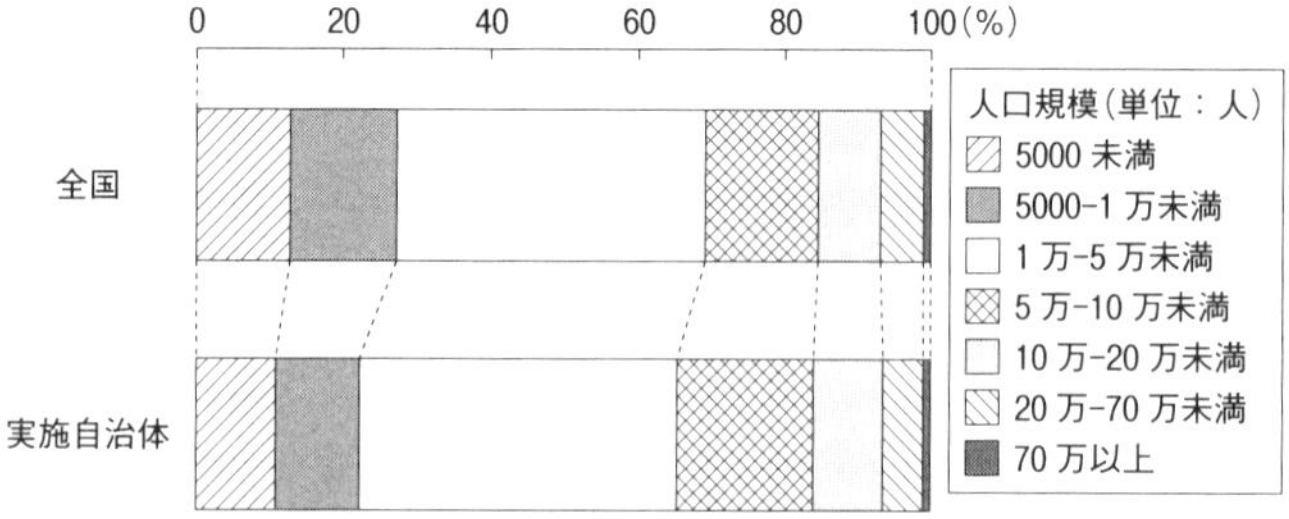

※ 2008 年 3 月時点の人口と，その時点での実施状況をもとに作成．

人口規模構成の比較
(NPO ブックスタート調べ)

相関関係がないことが分かる。立ち上げのごく初期の頃には新規事業に取り組みやすいとされる人口三万人以下の小規模の町村での実施が比較的多かったが、二年目の二〇〇二年度には人口二十万人以上の自治体でも一〇か所で始まり、二〇〇三年度には埼玉県さいたま市、大阪府大阪市、福岡県北九州市の三つの政令指定都市でも活動が始まった。二〇〇八年度の実施自治体のうち、最も人口が多いのは大阪市（約二百六十五万人）で、年間約二万四千人の赤ちゃんが生まれ、最も少ない自治体は高知県大川村（約五百人）で、生まれる赤ちゃんの数は年間で一桁である。

ブックスタート・パック

ブックスタート・パックにかかる費用は、平均して一人当たり千円前後である。その費用には図書館、母子保健、子育て支援関連の事業費などの地方自治体の財源があてられている場合がほとんどだが、中には社会福祉協議会の財源や婦人会バザーの売上金などをあてている地域もある。それらによって対象者である赤ちゃんに、パックは無料で手渡されている。

ラッコのロゴマークがプリントされたコットンバッグには、基本的に以下のものが入っている。

- 赤ちゃん向けの絵本

ブックスタート・パック
（パックの中身は自治体ごとに異なる）

・イラスト・アドバイス集『あかちゃんのすきなものしってる？』
・実施地域ごとに作成する資料
　・絵本リスト
　・図書館の利用案内
　・図書館の利用登録用紙
　・子育てに役立つ情報資料
・よだれかけ

ＮＰＯブックスタートでは絵本を出版社から購入し、イラスト・アドバイス集やコットンバッグ、よだれかけをオリジナルで制作して自治体に廉価で提供している（詳細については八八ページ参照）。自治体はパックの中に何を入れるか、絵本を何冊入れるか、コットンバッグを使用するかどうかなどを決めて購入し、さらにそこに地域ごとに作成した資料を加えて、赤ちゃんに手渡すパックを用意する。

パックの中の絵本は、小さな赤ちゃんとでも絵本の時間が楽しめることを伝える、具体的なきっかけとなるものだ。赤ちゃんの興味や関心を考えてつくられた絵本には、赤ちゃんがふだんの生活の中で出会う身近なものが描かれていたり、「いないいないばあ」のように読み手との簡単な遊びができたり、「わんわん」「ぴかぴか」といった擬音語・擬態語が使われているものが多い。

イラスト・アドバイス集『あかちゃんのすきなものしってる?』は、小さな赤ちゃんと絵本をひらく際の簡単なアドバイスをまとめた冊子だ。日々の生活に忙しかったり、活字の文章を読むのが苦手な保護者にも、ブックスタートのメッセージを楽しく正確に伝えるために、絵本のようなつくりになっている。この冊子を開いて、その内容を紹介しながらパックを手渡している自治体も多い。健診に来るのは母親であることが多いが、アドバイス集では、赤ちゃんとの絵本の時間は母親だけではなく、父親、おじいさん、おばあさん、きょうだいなど、

日本のブックスタートのロゴマーク

絵本作家の黒井健さんのデザイン．生後何か月もの間，母親のおなかの上で過ごすラッコのように，ゆったりとリラックスしながらあたたかい時間を楽しんでほしいという願いが込められている．

イラスト・アドバイス集
『あかちゃんのすきなもの
しってる？』
(イラストは絵本作家の大島
妙子さん．下はタイ語版)

家族みんなで楽しめる時間であることを伝えている。この冊子が絵本とともに各家庭に届けられることで、ほかの家族にも活動のメッセージが伝わることを意図している。また、ブックスタートは外国語を話す保護者も対象となる。このアドバイス集は現在、七か国語(韓国語／中国語(北京語)／タガログ語／タイ語／英語／スペイン語／ポルトガル語)に翻訳されており、その翻訳版が各地域で活用されている。

丈夫なキャンバス地のコットンバッグは、ブックスタートの後には図書館バッグなどとして活用されている。浅葱《あさぎ》色の地にプリントされたラッコが目を引くので、肩からバッグを提げて図書館に来館する利用者が、ブックスタートを受けた親子だと分かって声をかけやすい。また、街中で保護者同士が話したり、ワーキンググループのメンバーが親子に話しかけるきっかけにもなっている。コットンバッグには薄手のものもあり、自治体が予算に合わせて選択できる。

ロゴマークのラッコをデザインしたよだれかけは、ささやかなプレゼントとして手渡される。絵本だけだと「本を読まなくては」と身構えてしまう保護者もいるので、かわいいラッコ(のよだれかけ)を会話の糸口に活用している自治体もある。

パックにはさらに、それぞれの地域で作成した資料が入る。

「絵本リスト」は、パックに入っている絵本以外にもたくさんの絵本があることを紹介する大切な役割を持っている。ブックスタートをきっかけに絵本の時間に関心を持った対象者が、子どもの成長とともにより多くの本と出会ってもらいたいと、それぞれの地域の図書館が中心になって作成している。

「図書館利用登録用紙」は、〇歳の赤ちゃんでも自分の図書館カードを作って本を借りられることを説明しながら手渡す。〇歳からカードを作ることができることに驚く保護者も多く、さっそく利用登録をする赤ちゃんもいる。

さらに図書館などで行われているおはなし会の情報や、地域の子育て支援施設やその取り組みに関する資料がパックに入る。

図書館や絵本に関する資料だけではなく、子育てに役立つ地域の資料が加わることによって、ブックスタート・パックは、家庭で絵本の時間を持つきっかけを届けるだけではなく、「地域が子育てを応援していますよ」というメッセージが込められた贈りものとして完成する。

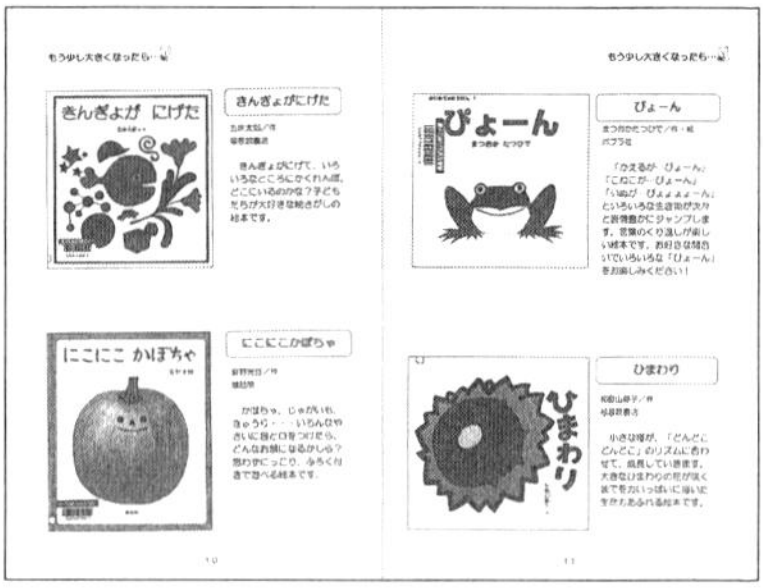

絵本リスト（中面）（神奈川県藤沢市）

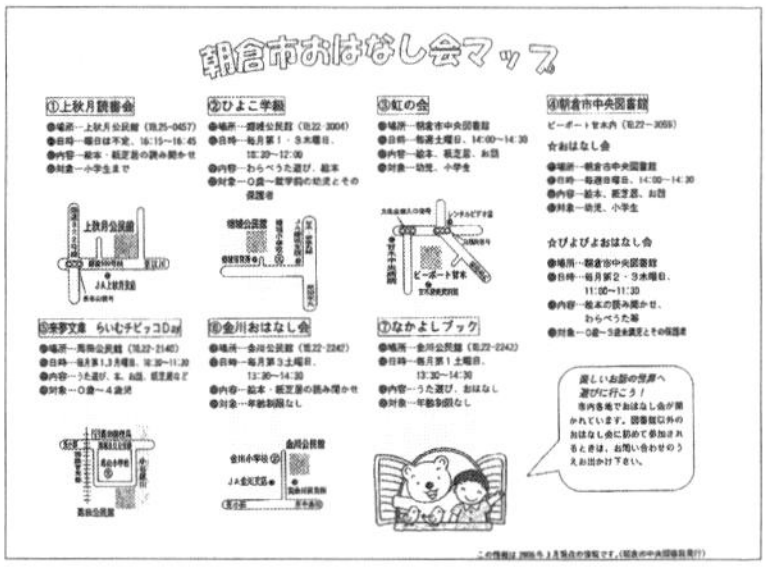

おはなし会の案内（福岡県朝倉市）

子育て支援機関紹介マップ（北海道恵庭市）

NPOブックスタートの事業――情報ネットワークの〝かなめ〟として

日本のブックスタートは、二〇〇〇年「子ども読書年」を民間の立場から盛り上げようと設立された「子ども読書年推進会議」によって紹介され、活動が開始した(詳細については二九ページ参照)。NPOブックスタートは、子ども読書年以降も活動を長期的に推進していく組織が必要だということで、二〇〇一年四月に「子ども読書年推進会議」の「ブックスタート室」を発展させるかたちで発足した組織である。

NPOブックスタートは東京都新宿区に事務局を置き、子どもの本や読書だけでなく、子どもの発達や子育てを支援する活動、自治体行政など様々な分野の専門家十八名が、理事・監事として組織の運営に携わっている。事務局職員はボランティアではなく公募によって採用された有給の職員で、正職員九名、契約職員三名の合計十二名が、地域支援、広報、物流、総務、経理などの分野に分かれて業務を担当している(二〇〇九年十二月時点)。

私たちが日本のブックスタートにおいて自分たちの一番大きな役割と考えているのは「ブックスタートの情報ネットワークの〝かなめ〟となる」ことだ。

事務局には「これからブックスタートを開始したいのだが、何から始めればよいか。資料を送ってほしい」といった実施の検討を始めたばかりの地域からの問い合わせから、「関係機関の協力が得られないのだが、話し合いの場を作るための良い方法はないだろうか」といったワーキンググループの運営方法や、「ブックスタートの時に赤ちゃんが眠ってしまっている場合にはどうしたらよいか」といった具体的な現場での活動レベルの相談まで、様々な問い合わせが電話やファックス、メールで日々寄せられる。

ブックスタートはそれぞれの自治体が、人口規模やワーキンググループの構成、実施月齢や実施する場などが異なる条件のもとで行っている。そのため、どの自治体にも通用するようなQ＆Aを机上で作っておくことはできない。そこで私たちは各地の活動への取材や訪問を通して直接関係者から話を聞いたり、研修会を開催してそこで話し合われた内容を記録したり、全実施自治体に対して取り組み状況を確認したりする中で、実施に際しての工夫やアイデアを聞き、課題があった時にどのように解決したかといった事例を集めている。そうした情報は似たような条件のもとで実施する自治体の参考になり、時には普遍性を持って各地の活動に活かされることもある。NPOブックスタートではこうした情報をより活用しやすいかたちに整理し、再度各地にフィードバックすることによって、地域の取り組みを支援している。また、集められた情報は様々な資料となり、実施自治体に提供されている。

さらにNPOブックスタートでは、職員が自治体を訪問し、活動に関する情報を直接紹介しながら、その地域の取り組みについて一緒に考える「ワークショップ事業」にも力を入れている。各地からの依頼を受け、二〇〇八年度は全国の四十五か所で実施した。ワークショップでは、活動の理念や各地の事例などを画像や映像を交えて紹介し、参加者からの質問を受けたり、グループに分かれてディスカッションを行ったりする。新たに活動を立ち上げる地域の関係者全員が集まって目的を共有する機会としたり、活動を行って数年経った自治体が、新たに加わる関係者と一緒に理念を再確認する場として行われることが多い。

またこれまでに全国大会と地域大会をそれぞれ二回ずつ開催し、そのほかにも都道府県や市区町村自治体との共催で研修イベントなどを実施してきた。二〇〇五年度からは各地のワーキンググループの運営の自律と、その活動の充実を支援しようと「ブックスタート研修会」(詳細については一八〇ページ参照)も開いている。

NPOブックスタートでは、ブックスタート・パックを制作し、それを実施自治体に提供する事業も行っている。NPOブックスタートの事業活動は主にその収益によって行われているため、様々な地域支援事業は原則として、自治体に対して無料で提供されている(詳細については八六ページ参照)。

私たちがNPOとして誕生した時の組織名称は「NPOブックスタート支援センター」だったが、二〇〇四年二月には「NPOブックスタート（英語名称＝Bookstart Japan）」に変更した。これは推進活動を行う中で、実施地域に対して〝支援〟という一方向の関わり方だけではなく、地域からも情報が集まってくるようなネットワーク型の関係を目指すようになったからである。そしてまた日本の活動の広がりに対する責任を担っていることを、より正確に表したいと考えたからだ。

次の章では、現在このように取り組まれている活動と組織が、どのような歩みを経てここに至ったのかを紹介する。私たちがブックスタートとどのように出会い、英国の活動から何を学び、どんなことを考えて日本の活動とその推進組織を立ち上げたのかを記したい。

NPO ブックスタートが制作する地域支援資料

ブックスタート・ハンドブック

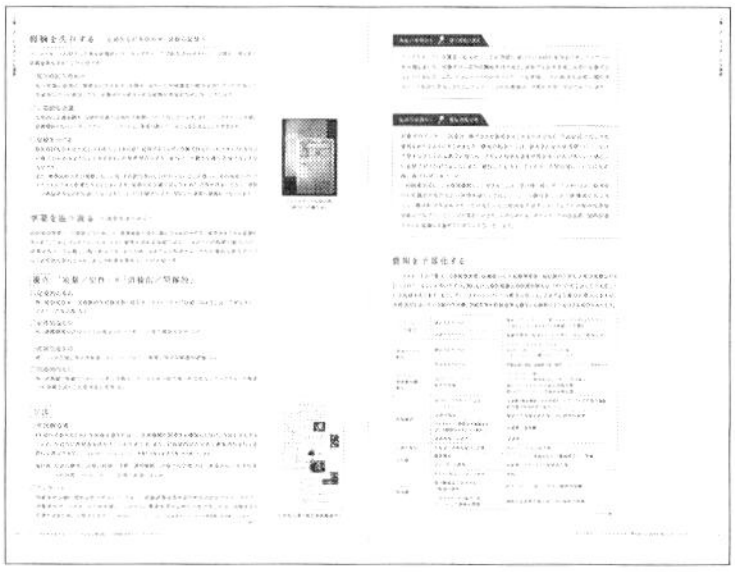

ブックスタートの実施に関するあらゆる情報を数多くの事例とともにまとめた冊子．問い合わせがあった自治体の関係機関などに対して，累計で約 7,200 部（第 4 版実績）を提供．

ニュースレター

各地の事例紹介や，地域の実施に役立つ情報を掲載．年 4 回発行．

事例紹介 DVD

特徴ある 3 地域の事例を映像としてまとめたもの．

実施資料セット

地域の活動を広報するアイデアをまとめた冊子，事業の年次報告書や対象者向けのアンケートの書式案のほか，オリジナルポスター等が入っている．

第二章　ブックスタートの歩み

ブックスタートとの出会い

ある雑誌記事との偶然の出会い

英国生まれの「ブックスタート」という活動が日本に紹介される最初のきっかけとなったのは、東京の飯田橋駅近くにあるブリティッシュ・カウンシルの図書室にあった、ある雑誌記事との偶然の出会いだった。ブリティッシュ・カウンシルとは英語教育や英国留学、英国の文化に関する様々な情報を提供する、英国の公的な国際文化交流機関である。

現在はNPOブックスタートのアジアネットワーク事業を担当している佐藤いづみは、一九九九年五月にその図書室を訪ね、英国では子どもたちがどのように読書を楽しんでいるか、またどのような読書推進の活動が行われているのかを調べていた。当時、佐藤は出版販売会社(取次)の日本出版販売株式会社(以下、日販)に入社して二年目を迎えたところだった。ちょうどその年に創立五十周年を迎えた日販は、記念事業として、関心のあるテーマを研究するために海外への視察研修を希望する社員を募っていた。英国に住む知人から、英国では一九九八年を「読書年(National Year of Reading)」として、年間を通して社会全体で様々な取り組みを行ったということを聞いていた彼女は、視察研修に応募するための情報を探していたのだ。

そこで佐藤は英国の出版業界誌『ブックセラー(The Bookseller)』のバックナンバーの一冊に、数ページにわたって「ブックスタート」に関する特集記事が組まれているのを見つけた。記事の最後にはブックスタートに関する問い合わせ先として、英国の推進団体である「ブックトラスト(Booktrust)」の連絡先が載っており、さっそく連絡をしてみると、いつでも喜んで訪問を受け入れてくれるとのことだった。そこで佐藤はブックトラストのほかにもいくつかの視察先を含めて研修事業に応募し、その年の十月中旬の二週間、一人で英国を訪れることになった。

ブックトラストは、一九二〇年代に設立された歴史あるチャリティー(英国の公益法人のひとつ)で、芸術活動団体等に財政支援を行うアーツ・カウンシル・イングランド(Arts Council England)という公的機関からの助成や、団体からの寄付を受けて運営されている。ほかの教育団体や企業とも連携しながら、子どもを対象にした活動だけではなく、すべての年齢層に向けた様々な読書推進のイベントやキャンペーンを企画している。英国の権威ある文学賞である「ブッカー賞」をはじめとする多くの賞も、ブックトラストが運営している。

そのブックトラストの事務所は、ロンドン中心部から電車とバスを乗り継いで三十分ほど離れたところにあった。佐藤は午後の半日をかけてブックスタートの歩みと全国的な広がりについて担当者から話を聞いた。

ブックトラストの事務所

英国のブックスタートは、一九九二年にバーミンガム市の三〇〇家庭を対象に最初のブックスタート・パックが手渡されたのが始まりだ。そしてその試験実施の成功が話題を呼び、準備が整い予算が取れた自治体から活動が広がっていき、二年後には英国の一〇%、四年後には二〇%、六年後の九八年には二七%の自治体で実施されるようになった。そしてこうした広がりが社会的にも注目を集めたことで、全国チェーンのスーパーマーケット「セインズベリーズ（Sains-bury's）」を経営するセインズベリー社（J Sainsbury plc）が一九九九年と二〇〇〇年の二年間に六百万ポンド（当時のレートで約十一億円）もの寄付を提供することになったという。それによって自治体は予算を確保しなくてもブックスタートを始められるようになり、活動は一気に全国の九二%で取り組まれることになる。佐藤が視察に行った九九年は、ちょうどその劇的な変化と広がりの最中にあるということだった。

担当者から直接そうした話を聞き、ブックスタートにますます興味を持った佐藤は、「実際の活動の様子を見て、活動に携わっている人からも直接話を聞いてみたい」と思った。しかし残念ながら、その日以降の視察スケジュールはびっしりとつまっていて、新たにブックスタートに関する予定を入れることはできなかった。

「この取り組みを、日本の人たちにも伝えたい」

ところが視察の半ばに訪問したバーミンガム市立中央図書館・子ども図書館で、ブックスタートに携わっているという担当者から、思いがけず詳しくブックスタートの話を聞くことができた。イングランド中部のバーミンガム市にあるこの子ども図書館は、英国内でも特に児童サービスが充実していることで知られており、この視察では一日かけて図書館の様々な取り組みを見学することになっていた。そこで朝一番に手渡されたスケジュール表の中に「乳幼児サービス・ブックスタートについて」と書かれていたのだ。

一九九二年のバーミンガム市での試験実施の頃からずっとブックスタートの担当をしているというイヴォンヌ・ラケットさんは、実際にバーミンガム市でどのような活動が行われているかを詳しく説明してくれた。さらにブックスタートは絵本を配ることだけが目的ではなく、「小さな赤ちゃんとでも絵本を楽しむことができること」や「地域が子育てを応援していること」を一組一組の対象者に丁寧に直接伝えることが、なによりも大切なのだと語った。また、パックの中に

イヴォンヌ・ラケットさん

は地域の子育て支援に関する情報資料が入っていると説明し、バーミンガム市の「家庭情報サービス(Family Information Service)」という資料室のパンフレットを見せてくれた。それは図書館の中にあり、全国的なもの、地域限定のものにかかわらず、あらゆる種類の育児に関する情報を提供している。子育て支援団体の連絡先や育児のホットラインの電話番号をはじめ、子育てサークルや保育園・幼稚園の情報、マタニティー雑誌・育児雑誌・育児関連書籍などがすべて集められている。また専門の職員も常勤しているので、ここに来れば子育てに関する相談にも乗ってくれる。

実際にその資料室を見学した佐藤が、図書館の中にこうした保健福祉の行政機関があることを不思議に思って尋ねると、「市民が必要としている情報を提供するのが図書館の役割。だから子育ての情報は、保護者が一番訪ねやすい場所に集めておこうということになったのですよ」ということだった。

イヴォンヌさんは、バーミンガム市は英国の中でも特に移民の多い多民族社会であり、赤ちゃんが生まれる環境がそれぞれの家庭によって大きく異なることから、ブックスタートがもれなくすべての赤ちゃんを対象にしていることがとても重要なポイントであること、さらにブックスタートを実施していくためには保健や教育、多文化政策といったほかの行政機関との強いパートナーシップ(連携)が不可欠であることなども話してくれた。

現場の生きた情報を聞かせてくれるイヴォンヌさんの確かな語り口は、彼女がこの仕事に対して深い情熱と誇りを持っていることを感じさせた。そしてなによりも、赤ちゃんとその赤ちゃんを育てている保護者の幸せを心から願う彼女の優しい気持ちが、佐藤にもじわじわと伝わってきた。佐藤には英国のブックスタートという取り組みが、次に続く人たちの幸せを願って大人たちが責任を持って働いている社会の縮図のように思え、ぜひこの取り組みを日本の人たちにも伝えたいと、この時強く願ったのである。

日本での取り組みの開始

二〇〇〇年「子ども読書年」

しかしそうは思っても、日本でブックスタートのような活動を立ち上げるのは簡単なことではない。視察研修を企画した日販は出版界の一企業であり、そこが行政に対してブックスタートを紹介したり、長期的に活動を推進していくのは現実的ではなかった。そんな中、佐藤の英国視察報告が出版関係者の間で紹介され、「子ども読書年推進会議」という組織がブックスタートに関心を示したのだ。

「子ども読書年」は、二〇〇〇年五月に日本初の国立の子ども図書館である「国際子ども図書館」が東京の上野に開館するのを記念して、国会決議で制定された。国際子ども図書館の設立は、子どもの本の作家や画家、出版に携わる人たちが、一九九〇年代の初め頃から「子どもが本と出会う環境を豊かなものにしたい」と取り組んできた様々な活動の成果のひとつだった。そこで、子どもの読書や出版に関わる約二百八十の団体、企業、個人が、民間の立場から子ども読書年を盛り上げていこうと設立したのが、この「子ども読書年推進会議」(以下、推進会議)という組織だ。運営の中心となったのは、読書推進運動協議会、国立の国際子ども図書館全国連絡会、日本国際児童図書評議会、日本図書館協会、全国学校図書館協議会、出版文化産業振興財団、日本児童図書出版協会、日本書籍出版協会、日本雑誌協会、日本出版取次協会、日本書店商業組合連合会、子どもと本の出会いの会の十二団体である。

その推進会議が事業計画を立てるにあたり、一年間で終わってしまう事業だけではなく、子ども読書年をきっかけにして長期的に続いていくような事業を企画したいということで、それにふさわしい取り組みを探していたのだ。推進会議は、毎月一回の幹事会で大きな方向性が話し合われ、専従スタッフがいない代わりに、会員である企業や団体の担当者が必要に応じて会議を開くかたちで運営されていた。

「これは動かしていく価値がある」

佐藤の英国視察から一か月もたたない一九九九年十一月上旬に、推進会議の事務局のメンバーがブックスタートの話を聞く機会が設けられた。この会議に集まったのは、講談社の白井哲、出版文化産業振興財団(JPIC)の中泉淳《きよし》、小学館の山中慎一、広告代理店・博報堂の山本浩、同じく電通の若林勇司の五名だった(氏名五十音順)。佐藤から英国のブックスタートの詳細やイヴォンヌさんと話して感じたことなどを聞いたメンバーは、すぐにブックスタートに強い関心を持った。その時のことを、当時、推進会議の事務局代表だった白井(現NPOブックスタート事務局長)は、「まず佐藤さんの熱心な様子から、何かを伝えたい、という意思が伝わってきました。そしてシンプルで分かりやすく、あたたかなメッセージを持ったブックスタートの内容を聞いて、これは何か大切なものがある、動かしていく価値があるな、と直感したんです」とふりかえる。

推進会議の会員の中には、子ども読書年の前から、子どもの読書推進事業を行っていた企業や団体も多く、書店で子どもたちに読みきかせをする「おはなし会」を開催する取り組みも全国に広がっていた。作家や画家たちも、作り手として読書推進活動に積極的に関わろうとしていた。当時はすでに出版不況のただ中と言われていたが、推進会議のどの会員企業や団体にも子ども読書年を本当に実りある年にするために、営利にとらわれず組織の枠を越えたところで協力しようという機運が醸成されていた。こうして推進会議が子ども読書年に行う事業のひとつとしてブックスタートを正式に取りあげ、日本での実施の可能性を検討していくことが決まり、推進会議の中に「ブックスタート室」が設置された。

白井はこうした事業を新たに立ち上げるには、「これを実現したい！」という情熱を持った人と一緒に取り組まなくてはならないと考え、佐藤が推進会議のメンバーとして仕事ができるよう調整を進めた。そしてそれに応えるかたちで推進会議の会員だった日販も、彼女を出向させ、会社の仕事から離れてブックスタートの立ち上げに専念できる環境を整えた。先ほどの推進会議のメンバーに日本書籍出版協会の小野方子《まさこ》を加えた私たちは、英国のブックスタートについてさらに研究を進め、日本での立ち上げを具体的に検討することになった。

英国のブックスタートを学ぶ

私たちはまず、日本のブックスタートの立ち上げに関わる者が、英国の活動でパックが実際に手渡される場面を見たり、ブックトラストによって活動が全国的に推進されている仕組みや現場の連携体制について、さらに詳しく勉強してくることが重要だと考えた。そこで公式にブリティッシュ・カウンシルの協力を得て情報を集め、二〇〇〇年七月に推進会議のメンバーである新井征明、佐藤、白井、山中、山本（氏名五十音順）の五人と、日本での試験実施で調査研究を担当することになっていた東京大学大学院教育学研究科の秋田喜代美助教授、東京都練馬区で文庫活動をしている渡辺順子さんの総勢七名で、英国のブックスタートを視察することにした。文庫活動とは、児童館や公民館といった地域の施設や自宅の一室に子どもの本をそろえ、定期的に地域に開放して本の貸し出しやおはなし会の開催などをするボランティア活動のことだ。渡辺さんは、以前から地域の保健センターに「保健所文庫」を開き、長年にわたって地域のすべての赤ちゃんを対象にした活動をしていて、私たちは現場からの貴重なアドバイスを受けていた。

英国視察団

私たちはブックトラストを訪問し、バーミンガム市での実際の活動の様子や、ブックスタートの後に充実したフォローアップ活動を行っているワルセール市の取り組みを見学し、さらにブックスタートに関する調査研究を行っている研究者や資金提供をしている公的機関や企業を訪問することにした。これまでの経験や持っている知識、活動する背景が異なるメンバーが九日間の予定で一緒に英国のブックスタートについて学ぶことで、日本でのブックスタートの立ち上げについて様々な角度から検討を加えようと考えたのだ。

ブックスタート発案のきっかけ――ケビン君の話

英国のブックトラストでは、今度は日本から正式な視察団が来るということで、ブックスタートの発案者であるウェンディ・クーリングさんにも声をかけ、話を聞く機会を設けてくれた。ウェンディさんは小学校の英語の教師をしていたが、一九九〇年頃から児童書に関係する世界で活躍するようになり、現在では児童書コンサルタントとして「子ども読書週間」をはじめとする、様々な読書推進プロジェクトに携わっている。英国内だけでなく、世界各地に呼ばれて講演をしたり、多くの児童文学賞の選考委員なども務めていて、二〇〇六年には子どもの本の世界に功績を残した個人に与えられる「エリナー・ファージョン賞」を受賞するなど、英国の児童書界ではとても有名な人だ。そんなウェンディさんから、私たちはまずブックスタート発案のきっかけとなった一人の男の子との出会いについての話を聞いた。

ウェンディさんはある日、地域の小学校に入学したばかりの一年生のクラスで読みきかせをすることになった。英国の小学一年生は五歳の子が中心なので、ウェンディさんはそのくらいの年齢の子どもたちが楽しめそうな本を何冊か選んで持っていったという。すると一人の男の子がウェンディさんの近くにやってきて、その本を手に取り、とても不思議な行動をした。ケビン君というその男の子は、まず本のにおいをくんくんと嗅ぎ、次に本を椅子に置いてその上に腰をかけ、そして最後に本の表紙の面を水平にして友達に投げようとしたのだ。ウェンディさんは、最初は彼が何をしようとしているのか分からなかったが、しばらく見ているうちに「もしかしたら今ケビン君が持っている本は、彼が生まれて初めて手にした本なのかもしれない」と気づいた。だから、まずは食べられるものかと思って本のにおいを嗅ぎ、平たいのでクッションのように座るものかと思って椅子の上に置き、そして最後にはおもちゃのフリスビーのように投げて遊ぼうとしたのだろう。五歳であれば、絵本の表紙をめくれば絵が描いてあり、お話が始まることを知っていて、それをだれかが一緒に読んでくれるのが楽しくて仕方がない、という経験をしているに違いないと思っていたので、ウェンディさんはその時に大きなショックを受けた。長年、子どもに関わってきて初めての体験だった。

ウェンディ・クーリングさん

彼女は担任の先生に、ケビン君の家庭は本が買えないほど貧しいのかと聞いたところ、先生は「ごく平均的なご家庭の子ですよ」と答えたという。たまたま彼のまわりにいた大人が本に興味がなく、一度もケビン君と一緒に本を楽しもうとしなかっただけだということが分かった。英国には多くの公共図書館があり、そこでは子ども向けのおはなし会がたくさん開かれているにもかかわらず、そうした情報もケビン君の家庭には届いていなかったということでもあった。

そこでウェンディさんは常日頃感じていることに改めて思い至った。例えば地域の図書館で「おはなし会をやります」と案内をして何回か会を重ねると、次第に常連の親子が決まってくる。たいていは近所に住んでいるか、親か子ども自身が本好きな家庭に限られてくるという。そういった様子を見るたびにウェンディさんは、積極的にそういう場に参加するくらい関心が高い家庭と、そういう場には現われない家庭との間に見えない線が引かれているように感じていた。そしてケビン君はその線のはるか外側にいたのではないか、だから図書館からの情報も届かず、五歳になるまで一度も本を楽しんだことがなかったのではないかと気づいたのだ。そこでウェンディさんは、関心のある人だけにではなく、地域に生まれたすべての子どもとその保護者に、本を使って親子でとても楽しい時間を過ごすことができるということを伝える〝きっかけ〟だけでも作りたいと強く思ったという。

本のプレゼントが五〇%、体験とメッセージが五〇%

それからしばらくの間、彼女は会う人ごとにこの話をし、ついにバーミンガム市のヘルスビジター(保健師)と出会った。そのヘルスビジターによると、英国ではすべての赤ちゃんを対象にした七―九か月児の健診があるが、これは行政の責任として赤ちゃんの体の健康をチェックするために行われてきた。ところが時代が変わり、現代では赤ちゃんは栄養面の問題はほとんどなくなってきていて、これからはむしろ、赤ちゃんと保護者の心の健康について配慮していくことが求められてきている。また英国では年々離婚率が上がり、一人で子育てをする親が多くなっていて、多くのひとり親が仕事と子育ての両立に苦労する中で育児に疲れてしまうケースも増えている。そして十五歳前後の若いカップルが子どもを産むケースも増加していて、子どもとの関わり方について、より具体的な子育て支援が求められてきていることを感じているということだった。そこでウェンディさんとそのヘルスビジターは、それぞれが抱えている問題意識と課題を解決する方法として、地域に生まれたすべての赤ちゃんが対象となる「健診」という場で、親子が家庭でゆったりと楽しい絵本の時間を持つことにつながる、きっかけづくりの活動をしようと決めたのだ。

具体的にどういう活動をするのかを考える際、ウェンディさんはこれから自分たちが対象にする中には、これまでとは異なり、本にまったく関心のない人たちも含まれるということを強く意識したという。そこでまず、家に赤ちゃん向けの絵本が一冊もない家庭もあるだろうと考え、家に帰ってからすぐに始められるように、具体的なきっかけとなる絵本そのものを無料で手渡してしまうことを決めた。忙しい育児の中で「読みきかせを始めてみたいから、図書館に行って本を探してみよう。本屋さんに行って選んでみよう」という一歩を踏み出す余裕がある人は、そう多くはない。〝絵本をプレゼントする〟ということは、ブックスタートにとって最も大切なポイントだった。

しかし、ただ本をプレゼントするだけでは、赤ちゃんが自分で字を読めるようになるまで絵本が本棚にしまっておかれたり、逆に熱心な早期教育の道具にされてしまうことがあるかもしれない。それならば本を手渡す際に実際に赤ちゃんの目の前で絵本をひらき、赤ちゃんがどんなふうに絵本を楽しむことができるのかを保護者に見せてその楽しさを体験してもらおう、そしてなぜ本をプレゼントするのかということや地域が子育てを応援していることをメッセージとして直接伝えるようにしようと考えた。つまりブックスタートに対して、本をプレゼントすることに五〇%、赤ちゃんと絵本を楽しむ体験とともにメッセージを伝えることに五〇%の意味を持たせることにした。この両方を合わせて〝きっかけづくり〟をしていこうということで、ブックスタートは発案されたのだった。

Image © Bookstart UK

英国のブックスタート・パック(写真は現在のパック)

英国のブックスタート・パック

英国では、保護者にメッセージを分かりやすく伝えるためにも、パックの中身はできるだけシンプルにすることが大切だと考えているということだった。絵本が入った基本となるパックがブックトラストから各地域に提供され、そこにそれぞれの地域の資料が追加されて、手渡すパックが完成する。クマのロゴマークがプリントされたコットンバッグの中には、以下のものが入っている(二〇〇〇年当時)。

- 赤ちゃん向けの絵本　二冊
- 赤ちゃん絵本のリスト
- イラスト・アドバイス集『Babies Love Books(赤ちゃんは絵本が大好き)』

（赤ちゃんと絵本の時間を楽しむための簡単なアドバイスを〝絵本仕立て〟でまとめた冊子）

- 実施地域ごとに作成する資料
- ・図書館の利用案内
- ・図書館の利用登録用紙
- ・子育てに役立つ情報資料
- ランチョンマット

（「マザーグース」などのわらべうたをイラスト付きで紹介したデザインのもの）

「赤ちゃんは本を読めるのですか？」 ― Share books の話

この日のブックトラストではもうひとつ、活動の理念に関わる大切なことを学ぶことになった。全体でのミーティングが終わったあと、佐藤はウェンディさんに、あまりにも基本的すぎて今さらだれにも聞けないと感じていた質問をしてみることにした。それは「まだ字を読めない、単語の意味をきちんと理解できるわけでもない赤ちゃんは、本を読めるのか」ということだった。「Can babies read books？（赤ちゃんは本を読めるのですか？）」という彼女の問いに、ウェンディさんはニコッと笑って、何も言わずに近くの本棚から一冊の絵本を取り出し、彼女の隣に腕と腕が触れあうくらいの近さで座った。そこで突然ウェンディさんが母親役、佐藤が赤ちゃん役で、

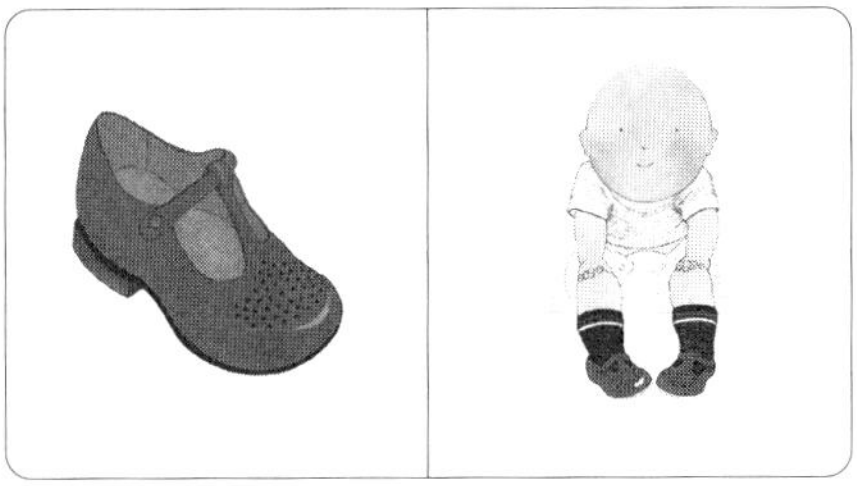

"Dressing" Helen Oxenbury, 1981年, Walker Books
絵だけでストーリーが展開する

親子の本の時間が始まったのだ。その時にウェンディさんが選んだのは、ヘレン・オクセンバリーの"Dressing"という赤ちゃん絵本で、『したく』というタイトルで日本でも翻訳出版されているものだった。おむつをつけた赤ちゃんが、肌着、靴下、靴、上着……と順番に身支度を整えていくというシンプルな展開の赤ちゃん絵本だ。

佐藤はそれまでその本を見たことがなかったので、実際にウェンディさんが絵本を読みはじめた時にはとても驚いた。なぜならその本には、文章が一切書かれていなかったからだ。どのページにも、ただ赤ちゃんと衣服や靴の絵だけが描かれている。それなのに、ウェンディさんはまるで文章が書いてあるかのように、佐藤の方を向いて語りかけてきたのだ。「ほーら、靴下よ。三本も線が入っていてかっこいいね。上手に履けるかな」「今度は真っ赤なお靴。ほら、ピカピカしているよ。キュッキュッキュッ」というようにだ。ウェンディさんは、赤ちゃんが帽子をかぶって出かけるまでの短いストーリーをゆっくりと時間をかけて、まるで赤ちゃんと楽しくおしゃべりしているかのように読んだ。それは赤ちゃんに話しかける時のようにちょっと高めの声で、声自体が優しく微笑んでいるかのような話し方だった。そして印象的だったのは、ウェンディさんが本の絵を見ているよりも、佐藤の顔を見て笑いかけている時間の方がずっと長かったということだった。

佐藤は「私たちが大人同士だということを思い返すと、思わず恥ずかしくなるような場面だったのですが、その時に私は、もしも私が本当に〇歳の赤ちゃんだったとして、ウェンディさんが本当に私の母親だったとしたら、話しかけられている言葉の意味が半分も分からなかったとしても、これはなによりもうれしい時間だろうなと感じたんです。自分の大好きな人が、自分の方を向いて、自分だけのために話しかけてくれることは、きっと赤ちゃんにとって心地よく、楽しく、満たされた時間であるに違いないと思ったんです」とふりかえる。そしてそんな幸せな気分になった時に、ウェンディさんはやっと最初の質問に答えてくれた。「さっき、Can babies read books?って聞いたわね。でもブックスタートは、Read books(リードブックス、本を読むこと)を目的としているのではないのよ。Read booksというと、大人が本を読んでストーリーを楽しんだり、新しい知識を得るといったイメージがあるけれど、〇歳の赤ちゃんにとっての本の楽しみというのは、まったく別のことだと思うの。だからブックスタートでは、赤ちゃんにとっての本の関わり方はRead booksではなくてShare booksだって言っているのよ。」

Share（シェアー）とは英語で「分かち合う・共にする」という意味だ。赤ちゃんの目の前で絵本をひらくと、そこには自然とあたたかい言葉が交わされる時間が生まれる。そのあたたかい気持ちや楽しさを、読んでいる人と赤ちゃんが共に分かち合う……、その〝Share books〟の時間をすべての家庭に届けるのがブックスタートだということを、ウェンディさんは説明したのだった。

多文化・多民族社会のブックスタート——バーミンガム市の取り組み

その後、私たちは実際に赤ちゃんにブックスタート・パックが手渡されている様子を見るために、バーミンガム市へと向かった。バーミンガム市は人口約百万人、年間出生数約一万五千人の、英国第二の都市だ。工業都市として発展した歴史を持ち、現在は旧植民地からの移民が多く住む、多文化・多民族社会を形成している。市の中心部に「バーミンガム市立中央図書館」があり、ここに佐藤が以前視察で訪れた「子ども図書館」も併設されている。市内にはそのほかに三十八館の図書館分館があり、赤ちゃんの健診が行われる保健センターやクリニックは約八十か所あるということだった。視察ではアストン地区にある保健センターでの七−九か月児健診を見学した。

ブックスタートは、身体測定などの一通りの健診項目の最後に行われていた。図書館から出向いた司書は健診を終えた親子一組ずつと向きあって、赤ちゃんの目の前で絵本を広げて読み、赤ちゃんの楽しそうな様子を保護者に見てもらったり、パックに入っている資料について丁寧に説明をしていた。そして図書館にはパックに入っている絵本以外にも、たくさんの子ども向けの本や保護者が楽しめる本が置いてあり、利用者登録をすればそうした本がすべて無料で借りられるということや、図書館の中にある家庭情報サービスの資料室には子育て支援に関する情報がそろっていることを詳しく伝えていた。

アストン地区はバーミンガム市の中でも特に民族的に多様な地域で、インド、パキスタン、バングラデシュなどの国々からの南アジア系移民が多く住んでいるということだった。「英国のブックスタート」ということで、無意識のうちに典型的な英国人親子にパックを手渡す場面を想像していた私たちは、その日の健診に参加したおよそ十組のすべてが南アジア系の親子だったことに、とても驚いた。こうした移民の保護者たちの母語を含め、数か国語を話すことができるという担当のヘルスビジターは「この地域は親戚同士が近くに住んだり、三世代が一緒に住んでいたりと、大家族で暮らしている家庭が特に多いので、子育てに不安や悩みを持つ保護者は少ないんですよ。むしろ失業による貧困等の方が問題になっているんです」と説明してくれた。

健診対象者の中には、子どもに満足に食べさせられないことから発育の遅れを指摘されるのを心配し、健診を受けない家庭もある。その場合は、ヘルスビジターが家庭を直接訪問し、育児の様子を聞きながらブックスタート・パックを手渡しているそうだ。また、トラベラーと呼ばれる非定住民族に対しては、そうした民族への対応をしている多文化政策の担当部局と連携を取りながら、彼らが次の場所へ移動してしまう前にパックを届けるようにしているという。

また、英国社会全体の課題として、当時からすでに大きく取りあげられていたのが識字問題だった。英国に移住してきた人の中には、家庭での日常生活では母語を使い続ける人が多い。パックを手渡す際には、保護者の母語を話すことができるヘルスビジターが通訳することも多く、パックの中に入れる地域の資料は、いくつもの言語に翻訳されたものが用意されていた。またブックトラストでも、そうした家庭に対応するために英語が併記された二十六言語の絵本をそろえ、イラスト・アドバイス集も十四言語に翻訳したものを用意し、英語だけのものがよいか母語との併記のものがよいかは、保護者が自由に選べるようにしているということだった。英国では、急速に多文化・多民族化していく地域社会の中で、人々がどのようにして彼らとともに社会を作り上げていくかという課題の解決方法を、ブックスタートを通して模索しているようでもあった。

充実したフォローアップ活動 ── ワルセール市のゆりかごクラブ

私たちは次に、バーミンガム市に隣接する人口約二十六万人のワルセール市を訪ねた。一九九五年からブックスタートに取り組んでいるワルセール市では、図書館司書のジェニー・マンダーさんを中心に、熱心なヘルスビジターや他部署の行政職員が協力し、ブックスタートをより効果的なものにしようと様々な工夫を重ねていた。そこでブックスタートの後に続くフォローアップ活動のひとつとして紹介されたのが、市内に二十一館ある図書館のうち十一館で毎週開かれている「ゆりかごクラブ」だ。ブックスタート開始後もなかなか赤ちゃんの図書館利用が増えなかったことから発案され、「赤ちゃんを持つ保護者の図書館に対するイメージを大きく変えることに成功した」というこの活動は、図書館職員だけでなく、プレイワーカーと呼ばれる遊びの専門家である市職員とも協力して実施されていた。

私たちは、ちょうどゆりかごクラブが開かれていたパルセール図書館を訪ねた。それほど大きくない図書館の奥の一角には、可動式の書架で区切られた、ゆりかごクラブの四角いスペースができていた。中央にはカーペットが敷かれ、絵本やカラフルなおもちゃが置かれており、カーペットを囲むようにぐるりと椅子が並べられていた。時間になって集まってきた親子は入り口で五十ペンス(当時のレートで約八十円)を払い、赤ちゃんはカーペットの上へ、母親は入り口横のテーブルに用意されたビスケットやチョコレートを取り、自分のコーヒーや紅茶をいれてからカーペットのまわりの椅子に座った。それからしばらくは何かが始まるということもなく、赤ちゃんたちは絵本やおもちゃで遊び、母親たちはお茶を飲み、お菓子をつまみながらおしゃべりをしていた。中にはカーペットの上で子どもたちと絵本を開く人もいた。目の届くところで赤ちゃん同士が楽しそうに遊んでいるからか、母親たちはみなとてもリラックスしているように見えた。そんな時間が一時間ほど続いたあと、やっと図書館職員とプレイワーカーが中心になって、みんなで一緒に大きな声でわらべうたや手遊び歌を歌ったり、簡単なゲームをした。そして最後に何冊かの絵本が紹介された。保護者は自分の子をそれぞれの膝に乗せ、わが子はもちろん、まわりの赤ちゃんの様子を見て笑いあって楽しんでいた。一時間半ほどのその会はまるで日本の子育てサークルの活動のようで、そこが図書館だということを忘れてしまうような光景だった。

子育てサークルのようなゆりかごクラブ

ジェニーさんはこのゆりかごクラブの活動をはじめ、ワルセール市のブックスタートを発展させる上では、各関係機関とのパートナーシップ(連携)がとても重要だったと説明した。ゆりかごクラブのプログラムは「赤ちゃんと一緒に楽しめる具体的な遊びが知りたい」「地域のお母さん同士のつながりが欲しい」という保護者のニーズをよく把握しているプレイワーカーと一緒に考えたものであり、赤ちゃんが遊んでいたおもちゃは、市内の「おもちゃライブラリー」(市民に対しておもちゃを貸し出す公共機関)から届けられているものだった。そしてブックスタートだけではなく、こうしたフォローアップの取り組みについても広く市民にＰＲしようと、公共バスや産婦人科・小児科などの病院にポスターを貼るキャンペーンも展開しているということだった。図書館だけでアイデアを出して企画するのではなく、図書館とは違う視点や情報を持つ機関と連携したからこそ、対象者から本当に喜ばれる取り組みが実現できていると感じるとジェニーさんは話した。

バーミンガム大学による試験実施追跡調査

ブックスタートの実際の活動と、それに続くフォローアップ活動の取り組みを見た私たちは、次にバーミンガム大学のバリー・ウェイド、マギー・ムーア両教授を訪ね、一九九二年に行われたブックスタートの試験実施の追跡調査の内容について話を聞いた。

この試験実施はブックトラストが企画し、バーミンガム市図書館サービス、南バーミンガム地区保健局、バーミンガム大学教育学部の連携のもとで三〇〇家庭を対象に行われたという。

第一回目の調査は、一九九二年の最初のパック配付時にその場で保護者に記入を依頼した第一アンケートと、その六か月後に郵送して回答を依頼した第二アンケートを比較したもので、次の結果が報告されている。

ブックスタートを受けたことによって、対象となった家庭では以下の変化が見られた。

•本への意識がより高まった。
•小さな子どもと本を読み、本の時間を楽しむことが増えた。
•赤ちゃんが図書館利用登録をした。
•以前より多く本を購入している。

さらに、子どもが二歳六か月－三歳になった一九九五年に行われた第二回目の調査では、ブックスタートを受けた対象者（以下、ＢＦ＝Bookstart Family）と被比較群（以下、Ｃ＝Comparison）の二グループを設け、アンケート調査のほかに、訪問観察調査も行われた。ＢＦとＣのそれぞれのグループの対象者は、民族的、社会的、経済的な特性の分布がほぼ等しくなるように選ばれた。アンケート調査からは、ＢＦとＣの間に以下の有意差があることが認められた。

ＢＦの方が、
•子どもとの楽しい時間の過ごし方を選択する質問で「Share books の時間（いっしょに本を楽しむ時間）」を選択する家庭がより多い。
•赤ちゃんを図書館に連れて行く家庭がより多い。
•子どもへのプレゼントに本を選ぶ家庭がより多い。

それぞれのグループの家庭を訪問し、子どもと本を読んでもらい、その様子を観察したところ、観察された多くの行動から、ＢＦの家庭の方がいっしょに本を楽しむことに慣れており、しかもその時間をより楽しんでいることが推測された。

さらに一九九八年には、子どもたちが小学校に入学した際に受ける「基礎学力テスト（Baseline Assessment）」の点数を比較する第三回目の調査が実施された。前回の調査と同じく、ＢＦとＣそれぞれのグループの調査対象となる子どもたちを選ぶ際には、生年月日や日常生活の使用言語、幼稚園への登園の有無などに細かい基準を設け、グループ特性の分布が等しくなるようにした。この調査では、ブックスタートを受けた子どもたちはテストにおいて、被比較群よりも高い点数を得た。研究者が特に注目したのは、ブックスタートを受けた子どもたちが、読む・書く・話す・聞くという言語的な能力を測る科目だけではなく、計算・図形認識・空間把握といった数学的な能力を測る科目においてもより優れていたということだ。

これについてウェイド教授は、赤ちゃんの時から親子で本をひらく時間を持つということは、それだけ数を数えることや様々な形に親しむ機会があり、またそうした時間を通して集中力が養われたためではないかと説明した。

英国のブックスタートの実施自治体数は、三回のそれぞれの調査結果が報告されるたびに増加した。そしてその調査報告書は各自治体が予算を獲得したり、ブックトラストが公的機関からの助成やセインズベリー社などからの寄付を受けるにあたって、大いに利用されたということだった。

バーミンガム子ども病院

バーミンガム市を発つ前に、私たちは「バーミンガム子ども病院」を訪ねることにした。ブックスタートが生まれた国の子どもを取り巻く環境を知るひとつの例として、病気の子どもたちが病院でどのような生活をしているのかを見てみたいと考えたからだ。

私たちは、子どもたちが治療の合間に訪れるというプレイルームに案内された。普通の児童館のようにも見えるつくりだったが、そこで働く病児専門のプレイワーカーが見せてくれた絵本やおもちゃを見て、やはりここが病院の中であることを実感した。

まず紹介されたのは目がクリクリしたかわいい男の子の人形だ。その人形が着ている服を脱がせていくと、最後に上半身がパッカリと開き、その中にはやわらかい布で作られた心臓や肺、腸などがきれいに収められていて、ひとつひとつを取り出すことができる。これは小さな子どもでも、自分の病気についてきちんと知ることができるようにと作られた人形だった。自分の体のどこが悪くて、それを治すためにはどういう治療が必要なのかということを、この人形を使ってプレイワーカーや医師がそれぞれの子どもの理解力にあった方法で説明するという。時には痛くてつらい治療を受けなければならないこともあるが、それを何も意味が分からずに受けるのと、自分なりに治療の意味や必要性を理解して受けるのとでは、子どもの恐怖心や病気に立ち向かう力の大きさに大きな違いが出るのだそうだ。その人形以外にも自分の病気を理解するのに役立つ、子ども向けの人体の図鑑や体の機能に関する本、肝臓移植などの治療法を理解するための本もそろえられていた。

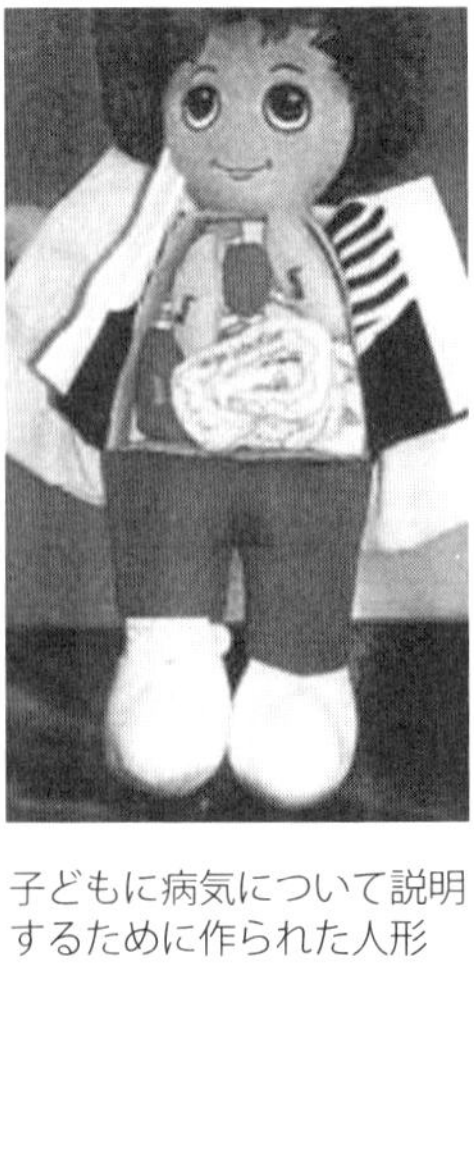

子どもに病気について説明するために作られた人形

入院している子どもにとっては、病院での生活が日常となる。子どもの本には身近な生活をテーマにしたものが多いが、ここでは病院で過ごす子どもたちのために「病院で働く人々」をテーマにした絵本や、検査を受ける子どもが主人公の絵本などが用意されていた。またおもちゃの中には、人形の腕に注射器を刺すと中から赤い液体が流れてきて、採血ごっこができるようなものまであった。こうした特別な絵本やおもちゃは、多くの場合は病院がオリジナルで制作し、時には出版社と共同で作ることもあるということだった。

私たちは視察を通して見聞きした様々なことを、日本のブックスタートの立ち上げにどのように活かすことができるのかを、毎晩遅くまで話し合った。そもそもの活動の発案者、全国的な推進に携わっているブックトラストの担当者、実際の活動に携わるバーミンガム市やワルセール市の関係者、活動を調査対象としている研究者など、異なる立場の人々に会い、彼らがどのようにブックスタートをとらえているのかを直接聞くことによって、英国のブックスタートの全体像がより明確に見えてきたと感じていた。短い日程ではあったが、毎日ブックスタートについて考えることだけに集中できた私たちは、日本に帰って検討すべきこと、調べなくてはならないこと、会うべき人たちの長いリストとともに、たくさんの資料を抱えて帰国した。

英国の活動から引き継ぎ、守っていくもの

英国での視察を通して、私たちはその後の日本での活動の柱となるいくつかの大切な考え方にたどり着いた。英国のブックスタートの活動にはこの事業を支えるエッセンスとも言うべき大切な考え方があり、日本で活動が広がり関わる人の数が増えたとしても、年月とともにそれが変化したり失われることがないようにしたいと考えた。

「Read books ではなく Share books」

ウェンディさんのこの言葉を聞いた私たちは、親が子どもに〝読んで聞かせる〟という、どこか一方的な響きを持つ言葉ではなく、人と人が向き合って言葉を交わし、気持ちを通わせる喜びを分かち合うという Share books という言葉に深く共感した。ブックスタートの目的が何よりもまず「Share books によって生まれる楽しくあたたかい時間をすべての赤ちゃんに届けること」だということは、活動を推進しながらくり返し立ち返って確認していかなければならないと考えた。

「公的な事業」として行われることの意味

私たちはブックスタートが地方自治体によって公的な事業として行われていることが、非常に重要なポイントだと考えた。英国のブックスタートは「すべての赤ちゃんの幸せに責任を持つ」ということが公の仕事であるとした上で、〝すべて〟にアプローチすることができる自治体が実施の核となっていた。活動の根本には関わる一人ひとりの共感や情熱があっても、それを個々人の自発的な行動のレベルに留めるのではなく、公の形ある活動として実現させているところに、この活動の意義があり、また大きな魅力があると感じた。視察団のメンバーの一人だった秋田助教授は「担当の保健師の方が、とても丁寧に誇りを持って話してくださったのが印象的でした。ただ絵本を配ればよいということではない、手づくりの思いが込められた活動であることを学びました。しかもその営みを家庭環境に恵まれない子どもに対しても平等に行うために、公共の使命で、公的にやっていることが一番魅力的でした」と語る。

日本でも市民ボランティアなど、個人がこの活動に関心を寄せ、自分たちの力だけで実施したいというケースが出てくるかもしれない。私たちはそうした場合にも、自治体がこの事業に関わる意味を理解してもらうことで、ブックスタートへの理解もまた深めてもらえるのではないかと考えた。

トップダウンではなくボトムアップによる広がり

私たちはウェンディさんからブックスタート発案の話を聞いて、彼女たちが本気ですべての赤ちゃんに幸せな絵本の時間を届けたいと願ったのだと感じた。ケビン君との出会いから始まった問題意識には説得力があり、そこを出発点にして、確実なきっかけを作るために、シンプルでありながらも具体的な活動の形を作り上げた発想と行動力に感動した。そこには「予算があったから」とか「何か事業を始める必要があったから」という理由で始まったものとは明らかに違うエネルギーがあり、おそらくその思いがバーミンガム市のイヴォンヌさんをはじめとする多くの人たちをも本気にさせてきたのだろうと考えた。

そしてバーミンガム市とワルセール市の活動を見学した私たちは、ブックスタートに最も必要なのは〝現場の人たちのやる気〟だと確信した。トップダウンで企画が下りてきたり、だれかから頼まれて行うのではなく、ブックスタートに価値を見出し、それを自分たちの地域でもぜひ実施したいと思った人たちが中心となって、活動を作り上げていくことが重要だと感じたのだ。「ブックスタートをやりたい」「活動を充実させ、さらに発展させたい」というモチベーションがなく、連携の準備が十分整わないところに予算だけがついても、活動を継続していくのは難しいのではないか、むしろ手の挙がった地域から草の根的に地道に広がっていく方が、長期的に見て実りある活動を続けていけるのではないかと考えた。

子ども一人ひとりと向きあう気持ち

バーミンガム子ども病院では「すべての子どもは、自分の病気やこれからの生活についてできる限り理解した上で生きる権利がある」という考え方が一本貫かれていることが伝わってきた。そしてそのことは私たちに、今回の英国視察を通して何人もの人が口にした〝My Book〟という考え方を思い起こさせた。ブックスタートは、一人ひとりの個性ある赤ちゃんすべてにMy Book（自分の本）を届ける活動である。どんな赤ちゃんでもそれを受け取り、幸せなひとときを過ごす権利があるという考え方だ。私たちは子どもに対するこうした考え方もまた、英国のブックスタートの広がりを支えているのではないかと感じた。

バーミンガム子ども病院を訪問することを提案した視察団のメンバーだった渡辺さんは、「病気の子どもたちが病院でどのような過ごし方をしているのかを見てみると、その社会が子どもという存在をどうとらえているのかを垣間見ることができます。私がそもそも練馬区で保健所文庫を始めたのは、障がいを持つ子どもとその親たちとの出会いがきっかけでした。彼らを含めたすべての子どもが健やかに育っていくために、絵本を役立てたいという思いがあったのです。バーミンガム子ども病院の入り口には Welcome と英語で書かれたプレートの下に、ほかにも八言語で『ようこそ』と書かれていました。様々な言葉を話す子どもたち一人ひとりを大切に迎えようとしている病院の姿勢を感じ、ブックスタートという活動が英国で生まれた背景を理解できた気がしました」と話す。

私たちは日本でこの活動を推進する際にも、赤ちゃんを全体としてとらえるのではなく、異なる環境に生まれる一人ひとりの赤ちゃんと向き合う気持ちでいることが大切だと話し合った。

日本の社会に合わせて柔軟に変化させていくこと

一方で、英国の活動を日本の社会に合わせて柔軟に変化させていくことも同じように重要なことだった。英国と日本では社会背景や行政の仕組みなど異なることも多く、英国のブックスタートをそのまま日本で実現しようとしても、うまくはいかないだろうと考えたのだ。

自治体の財源によって行われること

ブックスタートのような社会的な目的を持つ活動の運営は、寄付によって支えられていることが多い。実際に視察当時の英国では、セインズベリー社がブックトラストに対して二年間で約十一億円という多額の寄付をしており、その資金によって全国各地で手渡されるパックが制作され、ブックトラストによる様々な推進事業も展開されていた。セインズベリー社は西暦二〇〇〇年のミレニアムを記念した企画として、地域社会への貢献につながる「ブックスタートへの支援」を決定したということだった。私たちはロンドン近郊にある店舗を訪ねて、店頭でブックスタートがPRされている様子を見学し、担当者から寄付についての話を聞いた。

視察前には、日本であればどんな企業がお金を出してくれるだろうかと話したりもしていたが、実際に行ってみて危惧したのは、セインズベリー社からの寄付が終了したあとの活動の不安定さだった。企業には景気が良い時もあれば悪い時もある。企業からの寄付に頼るかたちで活動を進めれば、やがて寄付が途絶えた時に実際の活動だけではなく推進活動そのものも停滞する可能性があり、ブックスタート全体が大きな影響を受けてしまう。セインズベリー社の寄付は二年間という期限付きだったために、実際にブックトラストでは寄付が終了したあとの数年間、活動の継続と次のスポンサー探しにとても苦労することになる。一時的な寄付によって活動が全国規模に一気に広がるというメリットはあっても、長期的に見た時にはそれが私たちの理想とするかたちではないのではないかと感じていた。

私たちは、日本での立ち上げに際しては、ブックスタートをやりたいと考える自治体が、まずは自治体の財源の中から予算を組んで実施するのを支援していくことが、一番無理がないのではないかと考えた。

「みんなのブックスタート」であることの大切さ

セインズベリー社のブックスタートへの関わりは資金提供だけではなかった。多額の寄付をするからには、やはり企業としてはそれなりのマーケティング効果を生み出さなくてはならない。

英国全土の親子に手渡されたブックスタート・パックのコットンバッグには、二年間にわたって「Sainsburys' Bookstart（セインズベリーズのブックスタート）」という文字が大きくプリントされ、各スーパー店頭のベビーフード売り場にはセインズベリー社の寄付によってブックスタートが実施されていることを紹介するパンフレットが置かれていた。このことに関して、各地域でブックスタートに携わる図書館員やヘルスビジターには複雑な思いがあったという。ブックスタートは多くの人の情熱と支援と貢献があって実現してきた活動ではないのか、無料でパックの提供を受けることができるのはうれしいが、本当は「Everyone's Bookstart（みんなのブックスタート）」なのではないかという声が各地で聞かれたというのだ。こうした英国の経験を聞き、私たちは資金が提供されればその提供者の意向を強く反映させざるを得ないこともあり、それによって、関わる人たちの活動に対する意欲も含めて、マイナスの影響を受ける可能性があると考えた。そしてそのことは多くの関係者の情熱によって支えられるブックスタートにとっては、軽視してはならない点であることも意識した。

ちなみにセインズベリー社からの寄付が終了し、後に政府からの助成を活動の主な財源にすることを決めたブックトラストは、政府、絵本を廉価で提供する出版社各社、各地域の関係者、保護者といった様々な立場の人々の貢献が等しく不可欠であるという、新しいパートナーシップの考え方を打ち出してブックスタートを推進するようになっている。

住民が連携の一翼を担う

二〇〇八年時点の公共図書館数は、英国は四五四〇館で日本は三一〇六館、そしてそこで働く専門職である司書の数は英国は五二九八人、日本は六五四一人である。* 数字の上では極端な差がないようにも見えるが、英国の国土は日本のおよそ三分の二で、人口は半分の約六千万人である。人々の生活の身近なところに、本のプロである司書によって運営される図書館があるという感覚は、英国の方がだいぶ強いのではないかと考えられる。また英国でブックスタートに関わっているヘルスビジターは、一人の母親の妊娠中からその子どもが小学校に入るまでの期間にトータルで関わる保健師だ。家庭訪問を行うことも多いため、乳幼児を持つ家庭とのつながりが非常に強いということだった。こうした違いだけを考えても、司書とヘルスビジターという専門職の強力な連携によって成功している英国のブックスタートを、そのまま日本に当てはめて実施するのには無理があるように思えた。

一方日本では、地域コミュニティのつながりの希薄化や子育て不安の増加といった傾向が都市部だけでなく地方でも共通した課題となっていて、地域にはそうした課題に対して力になりたいと考えている人たちが多くいた。日本の活動では、地域コミュニティを構成している住民自身がボランティアとしてブックスタートの連携の一翼を担うことを期待することができた。英国の活動とは違う形ではあったが、そこに、日本のブックスタートが本当の意味で地域に根ざし、住民の支持を受けて継続する活動として発展する可能性が見えた。

＊英国のデータは“Public Library Statistics. 2008-09 Estimates and 2007-08 Actuals”, CIPFA、日本のデータは『日本の図書館　統計と名簿 2008』(日本図書館協会図書館調査事業委員会編)に拠る。

教育的効果の扱い

バーミンガム大学でウェイド教授から追跡調査についての話を聞いた時に、私たちは Share books というあたたかくてシンプルなメッセージを持つブックスタートの調査にしては、教育的効果を強調しすぎているのではないかという違和感を覚えた。確かに〇歳の赤ちゃんと絵本をひらくことは、間違いなく赤ちゃんの知的な好奇心も刺激することになるだろう。絵本を目の前にした赤ちゃんはページいっぱいに描かれた絵や、語りかけられる言葉、めくられる紙の音、本の形そのものといったすべてに興味を持ち、次は何が描かれているのだろう、読む人の声はどこからどうやって出てくるのだろう、ここを触ったらどうなるのかな、といったことを絶えず考えているように見える。外部からの働きかけが大きく影響する赤ちゃんの知的能力の発達は、絵本の時間によって促されるに違いない。

英国のブックスタートも活動が発案された時点では、Share books のあたたかい時間を各家庭に届けることが目的だったが、多文化・多民族化が進む社会に活動が広がるにつれて、ブックスタートに識字率を向上させる効果があるのではないかという期待が高まっていったという。助成や寄付によって活動を継続していくことを考えていた英国のブックスタートにとっては、「絵本の時間を持つこと」と「赤ちゃんの知的能力が発達すること」の関係を数値を使って示し、社会的課題に対して魅力的な結果を出すことが必要だったとも言えるのだろう。しかし私たちは、ブックスタートの目的とその教育的側面とを直接結びつけて強調することを選択しなかった。

二〇〇〇年当時、日本ではすでに早期教育に関する情報が氾濫しており、それによって保護者がプレッシャーを感じたり、赤ちゃんに負担がかかることを心配する声が多かった。また育児不安を覚える保護者が増えている中で、ブックスタートのインパクトのある調査結果が一人歩きをすれば「頭の良い子どもを育てるために親子で絵本を読みましょう」という誤ったメッセージが新たな育児情報として流れることになり、親子の絵本の時間には数値では表すことのできない多くの側面があることが忘れられてしまうという心配もあった。私たちは、日本の社会ではむしろ本来ブックスタートが目指したShare booksの時間の中で生まれる、親子の触れあいや気持ちの通い合い、喜びや楽しさといったものに注目していこうという方向性を改めて確認した。そしてバーミンガム市の調査結果を紹介する際には、英国と日本の社会的背景の違いも併せて紹介していく必要があると考えた。

大切にしたいのは「心に残る幸せな記憶」

こうして推進会議のブックスタート室として日本での立ち上げを具体的に進めることになった私たちは、様々な分野の専門家や、各地域で実際に活動に関わることになると思われる人たちにブックスタートを紹介し、どのようにしたら日本でもうまく実施できるかについて意見を聞くことにした。話を聞いたのは発達心理学や児童文学の専門家、小児科医、産婦人科医、保健師、保健センターの職員、司書、図書館職員、保育士、地域で読みきかせ活動をするボランティアの人などだ。中には「〇歳の赤ちゃんに絵本は早いのではないか」「まだ本は読めないのではないか」ということを心配する人もいたが、Share books の話をすると、ほとんどの人は深く共感してくれた。この時の意見やアドバイスは、私たちがスタートの時点で、赤ちゃんという存在や親子関係、現代社会における子育ての環境、自治体行政といった様々な分野への理解を深めるのにとても役立つものだった。

また日本の各地には、一九六〇年代から全国各地に広がった「地域文庫・家庭文庫」の活動をしているボランティアの人たちがいる。児童書に力を入れている各地の図書館には、とても熱心な児童サービス担当の司書もいる。その中には、すでに三十年以上も児童書に関わっていて、その間ずっと子どもの本や子どもの育つ環境について勉強を続けているような人も多い。そうした人々からは「子どもたちがどんな本をどんなふうに楽しむのか」ということについて、詳しく教えられることも多かった。

一方で、ブックスタートを知った人の中には「パックの中にはどの絵本が入るのか」ということだけに強い関心を持つ人もいて、「ブックスタートの評価は、パックに入る絵本のタイトルで決まる」と言う人もいた。読書推進の活動では「何が良い本か、何が良くない本か」ということが大きなテーマになることがあり、ブックスタートが、選ばれた良い本を手渡し〝正しい読み方〟を紹介する活動として行われることを期待する人も少なからずいた。

そんな時に私たちは鳥取県立保育専門学院講師の足立茂美さんが、自身が主宰するおはなしサークルの会報誌『おはなしポケット　おたより』の中で、知り合いの家に泊まった時のエピソードについて書いたものを読んだ。

夕食後、話題が絵本のことになった時、その場に居合わせた息子さんたち、光君(一三歳)と卓君(一二歳)も話にのってきて大いに盛り上がったのです。私が、例の松居友氏の〈紙一重〉の話*をしたら、熱血行動派の卓君がいたく共感して、走ってどこかに姿を消したかと思うと、抱えきれないほどの絵本を持ち出してきました。実は、二人のお母さんは、かつて自宅で文庫を開いていて、二人ともたっぷり絵本を読んでもらって育ったのです。

さあ、それからが大騒ぎです。卓君が「オッ、これよく読んだよな。なつかしい～」と言いながら『だるまちゃんとてんぐちゃん』(福音館書店)を見せると、一見おとなしそうでクールな感じの光君まで、「オーッ！　それ覚えてるよ。そのお父さんて最高だよな～」と、身を乗り出してきます。『なりくんのだんぼーる』(銀河社)が出てきた時は、「たらたかんまんるーぼんだ　れがーいまー！」と、二人でその本の中に出てくる〈おまじない〉をかけあい、「ちゃんと覚えてるよ！」と互いに感心する始末。やがて卓君が、一冊ずつ絵本を取り上げながら「この本はやばい！」とか、「この本はもっとやばい！」とか、「超やばい！」とか言い始めました。十数年ぶりに大好きだった絵本に再会し、いい大人になっている自分たちが、親たちの前でなつかしがって騒いでいる、それは、若い卓君たちにとって、「やばい」としか言いようのない心理状態だったのだと思います。笑いと歓声に包まれて、〈やばい〉夜は更けていきました。

「絵本を読み聞かせたことなんか、二人とも忘れてるかと思ってた。今夜はとってもうれしい」と、母親の洋子さん。その場面に立ち会えた私も、とても幸せでした。

＊絵本の読みきかせや昔話はまさに愛情の体験であり、反抗期に暴力をふるいたくなった時でも、幼い頃に本を読んでくれたり昔話をしてくれた親の声が耳に残っていれば、親をなぐることができなくなる。これはどの家庭でも起こりうる紙一重の問題で、紙一重とは何かというと、幼い頃の愛情

の体験があるかないかということだ、という話（参考『昔話とこころの自立』松居友著、一九九四年、宝島社）。足立さんのコラムの前半で、この話が詳しく紹介されている。

この兄弟の話を知った時に私たちは、幼い頃に親子で本をひらく時間を持つということは、子どもにも親にも、ずっと心に残る幸せな思い出を作ることなのではないかと話し合った。このことについて佐藤は自分の幼少時の体験をこうふりかえった。「私自身もこの家族と同じようなことを、体験していることを思い出したんです。私たち兄妹も、夜寝る前に母が本を読んでくれる時間を毎晩楽しみにしていました。今でもその時の母親の声や兄と姉のワクワクしている息づかいを覚えているし、部屋の電気が消えても、読んでもらったお話の内容に興奮してなかなか眠れずに、兄や姉といつまでもおしゃべりをしていたこともありました。」

私たちがブックスタートを知った時にすぐに心から共感したのは、教育的な効果が調査によって証明されていたからではなく、ブックスタートが届けようとする絵本の時間が赤ちゃんにとっても、親にとっても、幸せな時間であるに違いないということを、それぞれが自分の体験を通して実感していたからではないだろうか。「幼い頃は楽しみでしかなかったその時間を大人になってからふりかえってみると、親がどんなふうに自分を育ててくれたのか、どんなふうに愛情を伝えてくれたのかに気づかされました。楽しかった思い出とともに残っているあたたかい声の記憶は、自分がこれまで生きてくる中で決して揺らぐことのない支えになってきたのではないかと感じます」と佐藤は語っている。

実際にブックスタートを紹介する際に、こうした自分たちの体験も併せて話してみると、それを聞いた多くの人が、自身の同じような体験を語ってくれた。それは親との思い出だけに限らず、おじいさんやおばあさんとのものだったり、また必ずしも自分が子どもとして体験したものだけではなく、自分の子どもや、甥や姪との思い出だったりもした。そして布団の中で聞いた即興のお話や昔話、わらべうたの記憶である場合もあった。それぞれの体験はその人にとってかけがえのない特別なもので、だれもがその〝声の愛情に包まれた時間〟を幸せな記憶として心の中に大切にしまっているのだった。ブックスタートは、専門家や関心の高い人だけを対象としているのではなく、〝すべて〟の親子を対象にしている。だからこそ、人が心の深いところで大切にしている〝愛情のつながり〟にきちんと結びつくようなかたちで、それをだれもが感じて、だれもが語ることのできる活動として広げていくことが大切なのではないかということも、私たちは話し合った。そしてブックスタートに対して多くの分野から様々な効果が期待されることがあっても、分かりやすい目的や効果との因果関係を持たせることには慎重でありたいと考えた。

ＮＰＯブックスタート会長の松居直は、二〇〇一年二月に開かれた第一回ブックスタート全国大会の挨拶で次のように話している。「ブックスタートは絵本を普及する活動ではありません。

言葉の世界そのものである絵本に〝お幸せに！〟という思いと言葉を添えて手渡し、共に生きることを願うものです。」私たちは、ブックスタートが本や読書の普及を目的とした読書推進活動の枠を越え、さらに大きな何かにつながっていることを感じていた。

東京都杉並区での試験実施

行政の事業の進め方

こうして英国の活動から学んだことや日本の状況との違いについて整理し、ブックスタートへの理解を少しずつ深める中で、私たちは子ども読書年の期間中に、どこかの自治体に協力を依頼し、日本での試験実施を行うことを計画した。協力を依頼する自治体の条件としては、私たちも深く関わって事業を立ち上げるために東京からのアクセスが容易な関東近郊であること、そして図書館や保健センターといった中心となる機関がこれまでも子どもに関連する事業に熱心に取り組んでいて、ブックスタートにも関心を示してくれる可能性があること、また試験実施をしたことがニュース性を持つように、全国的に知名度があるということも考慮した。私たちは候補として挙がった自治体の図書館に、まずはブックスタートの企画書を持って出向くことから始めた。

しかし図書館側から返ってきた反応はとても厳しいものだった。「どこもやっていない、前例のない事業に取り組むのは難しい」「自治体が手渡す絵本に、営利企業である出版社名が印刷されているのはまずい」といった理由のほかにも「試験実施に協力するとなれば、その後、自分たちで予算を確保して本格的に実施する時のことも考えなくてはならない。そうなると、図書館予算の中の乳児サービスの割合が大きくなりすぎてしまい、全体のバランスが取れないので困る」「まだ公共図書館と学校図書館の連携も図れていないのに、先に保健センター等の機関と連携を図るわけにはいかない」といった理由もあった。今ふりかえってみると、このように次々と、実施できない理由が出てきたのも当然だったのかもしれない。それは私たちが通常の行政の事業の進め方とはだいぶ違った方法で企画を提案していたからだ。

行政の事業は、基本的には年度初めに決定している予算と計画に沿って進められる。それが突然、どこの自治体もやったことのない日本初の事業を、実質三―四か月という短い準備期間で始めるなどということは、行政にとっては異例とも言える判断が必要なことだった。また「縦割り行政」という言葉があるとおり、仕事を進めるにあたって〝庁内調整〟は決して外してはならない、時間のかかる、とても難しい手続きだということを知った。これまで一緒に事業をしたことのない教育分野と保健分野の担当者が、同じ会議のテーブルに着くだけでも、事前に様々な合意や承認が必要なのだ。これは自治体の規模が大きければ大きいほど重要になってくる。のちに私たちが自治体からの協力を得るのに苦労した話を聞いたある行政関係者は「試験実施を新規の企画として現場から提案していっていたら、実施するまで五十年、百年はかかったと思う」と冗談まじりに語った。異なる部署の連携を前提としているブックスタートは、行政の常識から考えるとすぐには取り組むことができない企画だったのだろう。こうした反応から、私たちは「子ども読書年の期間中」という時間の限られた中で自治体とともに試験実施を実現するためには、トップである首長の判断が必要だと考えた。

そこで私たちは、二〇〇〇年の八月半ば、推進会議の関係者からの紹介を受けて、東京都杉並区のトップである山田宏区長と面会する機会を得た。英国の取り組みや日本での立ち上げについて詳しく説明しながら協力を依頼したところ、山田区長から「お引き受けしましょう」という言葉を聞くことができた。さらに事業における複数の機関での連携の重要性についても説明をし、図書館だけではなく、保健センター、子育て支援の担当部署も顔をそろえることができるような会議の設定が必要だということを伝えた。こうして杉並区で試験実施を行うことが決まり、実施に向けて忙しく動き出すことになった。

場の作り方と手渡し方

杉並区では、区内に十一館ある図書館の中心館である中央図書館が試験実施の事務局となり、乳幼児健診の担当である保健衛生部保健予防課と、子育て支援事業の担当である女性・児童部児童課、そして企画部広報課が連携して実施することになった。各機関からの担当者が中央図書館に集まって数回にわたって話し合いを重ね、試験実施を次のように行うことが決まった。

杉並区では三―四か月児を対象とした健診が区内五か所にある保健センターで月に二回行われ、各会場に一回約三十組の対象者が訪れる。試験実施ではまず二〇〇〇年十一月の一か月間に、このうち三か所のセンターでの健診プログラムにブックスタートを組み込み、合計約二百組の対象者にブックスタート・パックを手渡すことにした。

健診では保健師は健診自体の実施で忙しくなるため、近隣の図書館から四名の図書館職員が各センターに出向き、親子とともに絵本をひらいて数ページ読んだり、子育て支援に関する資料についで説明をしながらパックを手渡す役割を担当することにした。また児童課はパックの中に入れる、子育ての様々なヒントが載っている資料を用意するかたちで協力をすることになった。

それぞれのセンターでは、会場ごとにブックスタートで使用できるスペースや時間帯が異なっていたので、いくつかの異なる方法を試みることができた。高井戸保健センターでは、まず大きな部屋で一度に十五組ほどの親子を対象にする方法を試してみた。栄養士による離乳食についての説明が終わったところで、その場を図書館職員が引き継ぐかたちでブックスタートの説明を始めたところ、その最中に保護者同士の会話が始まってしまった。これはその場が単なる説明会のようになってしまい、「自分一人に対して話しかけてくれている」という雰囲気を作ることができなかったのが原因だった。その方法では保護者にきちんとメッセージが伝わったかどうか不安が残ったため、次の回からは説明する図書館職員と保護者がより近い関係で話ができるように、全体を数名ずつの三つのグループに分けることにした。荻窪保健センターでは、英国と同じように親子一組に対して一人の図書館職員が対応する方法を試みた。この方法だと赤ちゃんの様子に合わせてゆっくりと説明をすることができ、自然と会話も弾み、なごやかな雰囲気が生まれた。

中には「上の子の時にはブックスタートがなかったから本を読んだことがないんですけど、もう手遅れでしょうか」という質問をする保護者もいて、それに対して図書館職員が「そんなことはまったくないですよ。お兄ちゃんのための本もたくさん置いてあるので、ぜひ一度、一緒に図書館に遊びに来てくださいね」と伝えることもできた。また、健診とブックスタートを終えた親子が、家に帰る前に受け取った絵本をもう一度読んでみたいと、廊下の長椅子でさっそくパックから絵本を取り出して読み出すような場面も見られた。

こうした経験から関係者の間では、ブックスタートが家庭で絵本の時間を持つきっかけになるかどうかは、場の作り方と手渡し方にかかっているのではないかということが話し合われた。保護者に対してどれだけ深くメッセージを伝えることができるかがポイントであり、つまりそれは、一対一など、できるだけ少ない人数を対象に、ゆったりリラックスした雰囲気の中で〝Share books〟の楽しさを実感してもらうことが何よりも重要なのではないか、ということだった。

赤ちゃんが絵本に反応してくれる

この試験実施での経験について、図書館司書の田中共子さんは次のように話している。「赤ちゃんの目の前で絵本をひらきながら、三か月だとまだちょっと早いかもしれないけれど、もう少し経ったら……と話しはじめた時に、赤ちゃんが首をギューッと絵本の方に向けたんです。私もお母さんお父さんと一緒にとても驚いて……。こんなに小さい赤ちゃんが本当に絵本に反応してくれるっていうことを知った瞬間に、やって良かったたって思ったんです。」

ブックスタートで保護者に伝えたい大事なメッセージは、その場での体験を通して赤ちゃん自身が伝えてくれるということも、私たちが試験実施を通して学んだことのひとつだった。そしてこの試験実施が図書館職員にとってどんな意味を持ったかについて田中さんは「三―四か月の赤ちゃんを健診の間、二時間ずっと見続けるっていうのは、図書館の仕事では経験したことがないことだったんですね。赤ちゃんが発する言葉、目線、体の動きなど、その月齢の赤ちゃんが絵本にどんな反応をするのかをつぶさに知ったことは、とても勉強になりました。それに、ブックスタートでお話しする保護者には、図書館を訪れる方とは違ったタイプの方もいるんですね。図書館から一歩出たことで出会えたそうした方々との触れあいからも、多くのことを学んだんですよ」とふりかえる。

また保健師からは「レントゲンで待ちくたびれて赤ちゃんが泣いてしまっていても、保護者にブックスタートの話をすると、喜んで会場へ行ってくれた」「保護者から、とても良い試みなのでこれからもがんばって、という電話があった」など、対象者の満足度が高いことを評価する意見が多く聞かれた。

日本の健診制度の中で実際にブックスタートを実施してみたことによって、私たちは具体的な実施方法を検討できただけではなく、雰囲気づくりや注意すべき点など多くのことを学ぶことができた。なによりも赤ちゃんと保護者が活動を喜んでくれることを知ったことが、大きな収穫だった。

「大変なことをやることになってしまった」

そして実はこの試験実施は、もうひとつ重要な経験を与えてくれた。「ブックスタートの実施には現場の人たちのやる気が不可欠だ」ということを私たちは改めて実感したのだ。

司書の田中さんは、最初にブックスタートの話を聞いた当時のことをこうふりかえった。「正直、大変なことをやることになってしまったって思ったんです。図書館では、これまでも赤ちゃんへのサービスは仕事の範疇に入っていたのに、何かまったく新しいことを始めるという感じで企画が上から下りてきたことに対する抵抗もありました。そして図書館が本をあげるくらいなら、もっと資料費や人件費を増やしてほしいという思いもあったんです。だから初めの打ち合わせの頃は、すごく怖い雰囲気だったのではないかと思います。」

確かに最初の頃の会議では、担当者からの発言はほとんどなかった。この試験実施は、まさにトップダウンで決まったということもあり、担当者たちがブックスタートを自分たちの企画として考え、すぐに一緒に試験実施の検討を始めてくれることを期待するのには、無理があって当然だった。

それでも田中さんは、その頃の気持ちの変化について次のように語っている。「だんだんと説明を聞いているうちに、ああ、この人たちは私たちを営業的に言いくるめて実施してしまおうとしているのではなくて、本当にブックスタートをやったらいいって思っているんだなあ、と思ったんですね。『立場を越えて、今、一緒に意味あることをやりたいと思っている』という説明が、心に届いたんです。そこからすぐに気持ちが切り替わったわけではないけれど、どうせやることが決まっているのであれば、じゃあどうやろうかと考えるようになり、実際に行うにあたっての課題やそれを解決するための検討を始めるようになりました。でも、本当にこれをやって良かったって思ったのは、実際にやりはじめてみてからのことだったんですよ。」その後は会議を重ねるごとに少しずつ担当者との信頼関係が築かれ、実施方法についても意見を交換できるようになっていった。

私たちは杉並区での試験実施の直前に、英国で出会ったブックスタートの関係者を招き、東京の上野にある東京国立博物館平成館大講堂で「ブックスタート国際シンポジウム」を開催した。「ブックスタート」という新しく耳にする活動を詳しく知ろうと全国から約四百名の参加者が集まり、英国の具体的な活動の様子とともに、それがどのような思いで取り組まれているのかを聞いた。このシンポジウムは、ブックスタートが大きな広がりを持った活動として発展していく可能性を参加者に予感させる機会となった。

二〇〇〇年十一月のこの二つの出来事は、ＮＨＫをはじめとするテレビニュースのほか、一般紙・地方紙合わせて四十紙以上の新聞で紹介され、その多くがブックスタートを「新しいかたちの地域の子育て支援活動」という側面から取りあげた。そしてこの報道以降、多くの自治体が活動の実施に向けて具体的な検討を始めることになったのだ。英国生まれの活動を日本の自治体が実際に行ったという事実ができたことによって、「ブックスタート」が日本でも現実のものとなって動き出した。

全国各地から寄せられた関心

ブックスタートという希望

鳥取県米子市の子育て支援センター*職員だった松本寿栄子さんは、ブックスタートを初めて知った時のことをふりかえり、こう語っている。

「これだーって思いましたね。何かサーッと光が射したような感じがしました。支援センターに自分で相談に来たりするような積極的なお母さんはいいのですが、そうじゃない方にもやはり手を差し伸べなくてはいけないなって思いながら働いていたんですね。待っているだけの子育て支援ではどうにもならないな、と。

実際に、お母さんが人と会うのが苦手だったから、子どもが一歳半くらいまで家に引きこもっていて、一歩も外に出なかったっていう親子がいたんですね。それで子どもが歩きはじめて言うことを聞かなくなったので初めて外に出てみたら、その子が公園で遊ぶ時にほかの小さい子に暴力をふるう。なんでだろうと思って自分をふりかえってみたら、自分は家にこもっていたことでストレスがたまって、子どもに手を出していたことに気づいたんだそうです。だから子どもも外で思うようにならない時に小さい子に暴力をふるうんだ、って。その時に自分の子育てが見えてきたんだってことを、泣きながら話してくれたお母さんがいたんです。その親子に出会って、支援センターに来ない人の中にはこういう人がいるんだって思ったんです。

ブックスタートの場であれば、子どもとの関わり方として、具体的な〝絵本〟を紹介することができて、それと一緒に『子育て支援センターがありますから、どうぞ来てみてください』って伝えながら顔見知りになることもできる。そうすれば、声をかけてくれた人がいるから、ちょっと行ってみよう、というふうになるかもしれない。これまではすべての人に声をかけることすらもできていなかったんですよね。ブックスタートはすべての赤ちゃんが対象だったので、もうこれしかない！って。これを行政ですることができたらと思うと、すごく希望がわいてきたんです。」

こうして子育てや読書に関わる現場で日々それぞれの課題に直面していた人たちがブックスタートに共感し、地域での実施に向けて動きはじめた。ある地域の図書館司書は、ブックスタートを知って以来、関連する資料や新聞記事を手に入れるたびにそれらをまとめ、図書館内はもちろん教育委員会の関係者、最終的には町長にまで回覧をして、周囲の理解を求め、予算獲得にこぎつけたという。また直接会って話を聞いて、できるだけ多くのことを知りたいと、青森県や兵庫県からわざわざ東京にある私たちの事務所を訪ねてくる人もいた。

全国各地から寄せられた問い合わせの数は、数週間のうちに二百を超えた。図書館の職員をはじめ、保健センターや子育て支援センターの職員、保育士、ボランティア活動をしている人、教育委員会や都道府県立図書館の職員、医師、教師、一般の方、地方議会議員、書店経営者、企業関係者、報道関係者など、様々な立場の人から毎日電話がかかってきた。その中にはそれぞれの分野から見たブックスタートの魅力を熱心に話す人も多く、私たちはブックスタートが日本で大きな期待をもって受け止められているのを感じた。

十二月、一月といえば、行政では次年度予算の大枠がほぼ決まっている場合が多いが、問い合わせの中には実施を検討したいという自治体からのものが百以上あり、中には数か月後の二〇〇一年四月からの新規事業として開始することを決定したという連絡もあった。

短期間のうちにこれだけの関心が寄せられたのには、いくつかの社会的な背景も影響していたのではないかと考えられる。文庫活動をしている人や図書館関係者、出版関係者の中には、近年の子どもの読書離れを心配している人も多く、各地で子育て支援に関わる活動をしている人たちの間では「地域社会全体で子どもを育てる」ということが当時すでに大きなテーマになっていた。試験実施が行われた二〇〇〇年十一月には「児童虐待の防止等に関する法律」が施行され、その影響もあってか、虐待のニュースを目にする機会が増えたこともある。虐待の背景には母親が孤独や不安を感じながら一人きりで子育てをしていたというケースもあり、多くの人が「どうにかしなくてはならない」と感じていたのではないだろうか。こうした状況があったところに、それぞれの課題を解決する糸口としての魅力を持った取り組みが紹介されたことで、多くの人たちがブックスタートに強い関心を持ったのではないかと私たちは考えた。

＊ 地域全体で子育てをする基盤を作ることを目的として、子育て家庭を支援する事業を行う行政施設。乳幼児と保護者に遊び場を提供したり、育児不安についての相談を受けたり、市民が組織する子育てサークルへの支援を行ったりする。

自治体での立ち上げへ ― ワークショップという方法

私たちは、問い合わせを受けた自治体のうち、二〇〇一年度の新規事業として活動を開始することが決まった自治体の一つひとつに出向くことにした。

私たちは英国で、活動を推進する際に「ワークショップという方法を用いた」という話を聞いていた。それはブックスタートの実施のしかたや、課題が生まれた時の解決法をだれかが先生のように教えるというのではなく、実際に現場に関わる人たちが共に話し合うことによってそれを見つけていくという参加型の学びの場を作り、そこで生まれる参加者同士の共感や自発的な行動によって活動をさらに広げていくという方法だった。

二〇〇一年度から活動を開始することを決めた自治体は、人口規模や地域の歴史背景だけでなく、予算の出所、実施機会、図書館の有無など、すべて条件が異なっていた。つまりそれは、どの地域にも当てはめられるようなブックスタートのモデルやマニュアルはないということで、立ち上げる地域の人たちが知恵を出しあいながら、一から考えていかなければならないということだった。そこで私たちは、ブックスタート実施にあたって構成されたワーキンググループの関係者に集まってもらう場を作り、そこで英国や杉並区での試験実施から学んだことを伝え、その地域での活動の立ち上げを支援するワークショップ事業を開始した。先方から依頼される場合もあったが、時には依頼がなくても出向いていった。なぜなら各地のブックスタートの立ち上げに参加することは、日本の現場を知る最善の機会だったからだ。私たちは一方的に情報を発信するのではなく、活動に携わる人たちと直接会って話し合い、一緒に日本のブックスタートを作り上げていくことを大事にした。

私たちは実施自治体の数を伸ばすことを一番の目標にするのではなく、まずは手の挙がった地域で丁寧に活動の立ち上げを支援していきたいと考えた。しかしそうした思いに反して問い合わせと活動を開始する自治体の数は急速に増え続け、二〇〇二年度末までに三一九自治体、二〇〇三年度末には五七五自治体に広がった。それに応えるかたちで二〇〇一年度からの数年間は、年間百か所近くの自治体に出向き、各地でワークショップを実施したり、都道府県や市区町村自治体の依頼を受けて研修会や講演会に協力して、活動の立ち上げ支援に全力を注ぐことになった。

推進組織の立ち上げ

民間の独立した非営利組織による推進

推進会議では、これだけ多くの人の関心を集めつつあったブックスタートを、子ども読書年の終了後にはだれがどのように推進するのかということについて、かなり早いうちから検討を始めていた。もちろん子ども読書年の終了とともにブックスタートを打ち上げ花火のように終わらせるつもりはまったくなかったが、将来的にきちんと責任を持って推進していくことができる体制を作ることは、実際にブックスタートを立ち上げることと同じくらい重要なことだと考えていた。そしてその組織をイメージする際に、私たちは改めて英国の視察で学んだことを思い起こした。

英国ではブックトラストというチャリティー(公益法人)が推進団体となっていたが、私たちはブックスタートを独立した非営利組織が推進していくということが、とても大切だと考えた。ブックスタートには多くの人が関わり、自治体が主体となって税金を使って行うことがほとんどになるだろう。そのような活動が営利事業や特定の個人や団体の宣伝、政治、宗教活動などと結びついたかたちで推進されれば、人々からの支持を得られないばかりか、活動の目的自体が変化していってしまう。ブックスタートを日本に紹介した当初、各地で関心を持った人の中には、これを出版界がより多くの児童書を売るために立ち上げた販売促進活動のひとつだととらえる人も少なくはなかった。また出版界の中には、この活動が特定の出版社の利益のために行われるのではないかと考える人もいた。そうした目で見られているからこそ、どこからも後ろ指をさされることのない運営をすることで信頼を得ていかなくてはならないと強く感じていた。

中には「これだけ社会的に意味のある活動なのだから、最初から国で予算を確保してもらって全国的に始めたらどうか」という意見もあった。一方では、「行政がすべての子どもに絵本を配るなどということをして、思想統制という歴史の過ちをくり返すつもりなのか」という意見を寄せる人もいた。そもそも、まだ日本での実績がない活動に対して、国が予算を確保することは現実的ではなかったかもしれないが、それだけの理由からではなく、私たちはその選択肢を採らなかった。それは、もしもブックスタートが国の事業となれば、活動の目的自体を、国の目的や数値目標と合わせていかざるを得なくなったり、パックの中に入る絵本や各地域での実施方法などに国の意向が反映される可能性があり、ブックスタートがそのようなかたちで推進されることはあってはならないと考えていたからだ。

こうして私たちは「すべての赤ちゃんの幸せに責任を持つという公の仕事を、独立した判断をすることができる民間の組織が推進する」というあり方が、ブックスタートには最もふさわしいバランスのとり方なのではないかという結論にたどり着いた。

財政的に自立する

私たちは、組織が責任ある事業を安定した運営のもとに、独立した判断をもって行うためには、「財政的に自立する」ということが不可欠だと考えた。具体的には「ブックスタートの推進」という事業を財政的にも成り立たせる必要があるということだ。「非営利組織でありながらも、事業体としての経営をする」――そんな方向性を追求していった結果、日本ではまだ歴史の浅い組織のかたちだったが、民間の立場から非営利の公益事業を行う「特定非営利活動法人（NPO法人）」というかたちが最もふさわしいのではないかと考えたのだ。歴史が浅い分「NPO法人とはこういうもの」といった既存の固定観念がなく、枠にはまらずに自由に発想できる点が、組織自体をも柔軟に立ち上げ、運営していきたいという私たちの考えに合っているとも感じた。

NPO法人は非営利組織とはいえ、自らの事業利益を上げることは禁止されていない。NPO法人と営利企業の一番の違いは、その利益をどう扱うかという点だ。営利企業の利益は、株式会社の場合には株主に分配されるが、NPO法人の事業利益は、その団体の目的達成のため、つまり公益実現のために使われなければならない。NPOブックスタートの事業利益は、各地域の活動の充実や発展、全国的な活動の推進のために使われなければならないということだ。

こうして二〇〇一年三月に推進会議が発展的解消をした後、推進会議の「ブックスタート室」を引き継ぐかたちで「ブックスタート支援センター」という任意団体を立ち上げ、最初は白井と佐藤とアルバイトの三名で事務局を構えた。そして推進会議のメンバーを中心に「NPO設立準備委員会」を立ち上げ、推進活動を継続しながら組織設立の準備を進め、二〇〇二年一月に東京都からNPO法人の認証を受けて「NPOブックスタート」を設立した。（設立時の名称は「NPOブックスタート支援センター」。二〇〇四年に名称変更。）

絵本選考会議

NPOブックスタートの財政的自立を支えている事業のひとつが「ブックスタート・パックの制作と提供事業」だ。二年に一度開催される「絵本選考会議」では、活動の趣旨に合った「ブックスタート赤ちゃん絵本二十冊」が選出され、それぞれの自治体ではその中からどの絵本を自分たちの地域のパックに入れて手渡すのかを、図書館が主体となって決めたり、ワーキンググループで会議を開いて決める。* NPOブックスタートでは自治体からの注文を受け、次項で説明する「絵本提供の非営利の仕組み」を活用して自治体に絵本を提供している。

パックの中にはどんな絵本が入り、その元となる二十冊の絵本がどのように選ばれるのかは、多くの関係者の注目を集める。そこで私たちは公平で中立的な選考を行うために「絵本選考規定」を設けている。選考規定では「赤ちゃんが保護者と豊かな言葉を交わしながら楽しい時間を過ごすことで、心健やかに成長することを応援する」という活動の趣旨に照らして、「年月を経て赤ちゃんから支持され続けてきた絵本」「今後、赤ちゃんからその支持を受ける可能性が高い絵本」という基準を設けている。それをもとに、大人の視点からではなく、できる限り赤ちゃんの視点から選ぶために、赤ちゃんと絵本に関する知識と経験が豊富で、赤ちゃんからの支持を代弁できると思われる発達心理学者、小児科医、図書館司書、保育士など多様な分野の専門家が選考委員になっている。

NPO ブックスタートにある「赤ちゃん絵本ライブラリー」

ＮＰＯブックスタートの事務局会議室に設けられている「赤ちゃん絵本ライブラリー」には、日本国内の出版社が満二歳児以下を対象として出版した二千六百冊以上の絵本がそろえられている。選考会議はこの会議室で二日間にわたって開催される。それぞれの委員が事前に挙げた候補の絵本について、赤ちゃんとどのように楽しんだかという経験を委員同士が共有し、一冊一冊実際に声に出して読みながら時間をかけて行われる。選考は委員の独立した判断によって行われ、出版社はもちろんNPOブックスタートの意向が反映されることも一切ない。選出された絵本は、赤ちゃんがなめる可能性のある外側のコーティングについて、「食品衛生法」に基づく安全性の検査を実施している。そこで問題がなく、かつ出版社からの特別支援価格での提供（詳細については次項で説明）について合意が得られたものが、最終的に「ブックスタート赤ちゃん絵本二十冊」として決定することになる。

＊ パックの中に入る絵本を自治体があらかじめ決めて手渡す方法と、複数冊の中から保護者が希望する本を選ぶ方法がある。前者の場合でも「すでに同じ絵本を持っている」といったケースに備え、差し替えのための本を用意している自治体も多い。

絵本提供の特別な仕組み

絵本選考会議で選出された絵本は、提供出版社に得失のない特別支援価格で、かつ出版販売会社や書店を経由せず、出版社から直接NPOブックスタートに提供されている。これはブックスタート推進のための特別な非営利の仕組みであり、NPOブックスタートを通したパック流通の場合にのみ適用される。NPOブックスタートでは、その価格に組織の事業活動費を加えた金額で自治体に絵本を提供しており、この特別な仕組みによって、ブックスタート・パックは実施自治体に廉価で提供されることが可能となる。自治体が低額な予算で事業を実施できることで活動の普及が進み、同時にＮＰＯブックスタートの財政的な自立が実現しているのだ。この仕組みは、赤ちゃんと絵本の時間を過ごすきっかけを作る「最初の機会」となる事業にのみ適用され、ただ絵本を配布するだけの事業や、ブックスタートを受けた赤ちゃんが大きくなった際に、再度絵本を手渡すような事業で使用される絵本については適用されない。

通常、出版物は、再販売価格維持制度（再販制）によって定価販売が守られていて、出版社から出版販売会社や書店を経由して読者（消費者）に届くことになっている。ブックスタートの絵本が特別支援価格で、かつ出版社から直接ＮＰＯブックスタートに提供されるというこの仕組みは、出版業界にとっては異例の流通形態だ。これが実現しているのは、二〇〇〇年の子ども読書年をきっかけとした日本でのブックスタートの立ち上げ以来、それを担った推進会議の中心的な会員でもあった出版社、出版販売会社、書店の業界三者が「ブックスタート・パックの絵本提供の仕組みからは直接的な利益を得ない」という基本的な合意に基づいて、活動を支援し続けているからである。

推進会議がこの仕組みを形作った二〇〇〇年当時、書籍売上額は一九九六年をピークに減少を続けていて、すでに中小規模の出版社の倒産や地方の老舗書店の廃業などが相次いでいた。そうした中、ブックスタートの開始を機にせっかくのビジネスチャンスをものにできないことに対して、出版界の中から否定的な意見が出たのも事実だった。しかし一方ではブックスタートを出版界にとっての種まきの事業としてとらえ、この仕組みを支持する声も多かった。ある児童書出版社の社長は「行政が絵本に興味を持ってくれて、しかも子どものまわりで仕事をしている図書館職員、保健師、子育て支援センターの関係者が、すべての親子に絵本の時間の楽しさを紹介してくれるなんて、一企業や出版業界でやろうと思っても決して実現できないこと。ブックスタートは出版界にとっては究極の読書推進活動ですよ」と語っている。

また将来的に読者が育つことを期待するこうした声だけではなく、日本書籍出版協会の職員で推進会議の事務局メンバーとしてブックスタートの立ち上げにも関わっていた小野方子は、この仕組みが作られた当時をふりかえり、こう話す。「本が売れるという以上に、お母さんやお父さんと赤ちゃんをつなぐツールとして、本を役立ててもらえるといううれしさがあったんですよね。赤ちゃんに何かしてあげたいというよりも、自分たちがその価値を信じている〝本〟というものが役に立って、本の言葉によって赤ちゃんの心が育っていうことが、えらく素晴らしいことのような気がしたんです。出版界の社会貢献がそんなかたちで実を結ぶことによって、私たちも豊かになるような、そんな気持ちがありました。」この喜びと期待感は、この仕組みを生み出すことに関わった多くの出版関係者が共有していた。

日本での本格的実施のスタートに合わせて、いち早く二〇〇一年四月にブックスタートを開始した、富山県高岡市にある文苑堂書店社長の吉岡隆一郎さんの動きは、出版界の中でこの特別な仕組みへの理解と支持を広げる力強い追い風となった。吉岡さんは二〇〇〇年に出版業界誌でブックスタートを知り、すぐにでも高岡市で始めたいと考えた。当時は社会の中で子どもが加害者にも被害者にもなる様々な事件が起きていて、親子の触れあいの大切さを常々感じていたという。そこでさっそく高岡市に実施を働きかけてみたが、行政からは財政難のため予算がなく、実施はできないという返事が返ってきた。書店がこういうことを言い出したということで、周囲からは販売促進のためだろう、売名行為だろうととらえられたような感じもしたという。そこで吉岡さんは会社の利益とは切り離し、本気でブックスタートを実現させようと考え、まずは周囲に声をかけ「高岡らっこの会」という、子育てを終えた世代の女性を中心としたボランティア団体が発足した。そして活動にかかる年間費用約二百万円を会社が全額負担して、NPOブックスタートから絵本の入ったパックを購入し、それを「高岡らっこの会」に寄贈するというかたちで高岡市の活動を立ち上げたのだ。これは同時に、特別な絵本提供の仕組みによって成り立つNPOブックスタートの全国的な推進の方法にも賛同してくれたことを意味していた。行政もそういうかたちであればということで健診でのブックスタート実施に協力し、市民からの評価が高かったこともあって、二年目からは市から費用の一部が補助されるようにもなった。ちなみに高岡市のブックスタート・パックに、文苑堂書店という名前は一切入っていない。

無償の財政支援が組織の性格を形作る

ブックスタートはその後、全国的に大きな関心を集め、急速に実施自治体数が増えることになる。それによりNPOブックスタートの二〇〇四年度末の決算では、全体の収入から寄付と会費収入を差し引いて算出した収支差額が初めてプラスに転じた。そしてそれ以降、運動の広がりを基盤として自らの事業収入によって組織の運営が成り立つ財務体制が確立した。

そもそもこうした組織運営を実現することができたのは、NPOブックスタートの事業体としての創成期にあたる最初の三年間に、活動の理念に共感した企業からの無償の財政支援があったからだ。私たちはまだ財政的な自立ができない間も、急速に広がる全国からの関心に応えるために、地域に対して様々な支援活動を続ける必要があった。そしてその間に必要な事業費や事務所の運営費、人件費などは多くの企業からの寄付によって支えられていた。特に講談社、小学館の大手出版社二社は、日本での立ち上げ当初から活動を全面的に支持して多額の資金提供を続け、そのほかにも多くの出版社、印刷会社、製紙会社や他業界の企業が財政支援をしつづけた。活動が日本で取り組まれるそもそものきっかけを作った日販がブックスタートを自らのビジネスと結びつけず、出版界全体のためにそれを提供し、支援する立場をとったことから、どの企業もが、活動と自社の利益とを切り離して考え、日本での取り組みとその推進組織の運営を軌道に乗せるために無償の支援をするという稀有な合意ができていた。そしてこのことが、現在のNPOブックスタートの独立・中立・自立という性格を形作ったのである。

この支援の仕組みが現実に運用されることで、ブックスタートが絵本の販売促進のための活動ではないということと、NPOブックスタートが独立した非営利の活動を行う組織であるということが次第に理解されていった。このことはブックスタートが行政や各地域で活動に関わる人たちからの信頼を得て、受け入れられていく上で大きな役割を果たした。

赤ちゃんにとっての最善

こうして私たちは、活動を推進するにあたって特定の企業や団体の意向や思惑から独立して、NPOブックスタートとしての判断ができる体制を実現させた。そんな私たちには、組織としての大きな判断が必要な際に常に拠り所としてきた考えがある。それはどんな時でも「ブックスタートにとっての最善」つまり「赤ちゃんにとっての最善」を判断基準にするということだ。

それはまだ組織がNPO法人としてではなく、推進会議のブックスタート室として活動していた頃のことだが、その当時ブックスタートの推進に関わっていたメンバーは、出版関係の企業や団体、広告代理店といった出身母体から給与を得ていた。しかしブックスタートの将来について考える際に、それぞれのメンバーが出身母体の利害を持ち出してしまっては、複雑な力関係の中でブックスタートが特定の企業や団体にとってメリットがある活動に変化していってしまったり、時には妥協を余儀なくされることも出てきてしまう。そうした状況の中で白井が提案したのが「ブックスタートにとっての最善、すべてはブックスタートのために」という判断基準だった。そのことについて白井は、「様々なバックグラウンドを持つ人たちが関わっていた当時、その基準をもってしか、重要な判断をすることはできないと考えていました。ブックスタートの実施にお手本がなかったのと同じように、推進組織の運営方法にもマニュアルはなかったんです。だからその時々で最も有効だと思う方法を選択し、それを柔軟に軌道修正しながらやってくるしかなかったんです」とふりかえる。その後NPO法人を立ち上げ、私たちはこの考えを組織の運営方針としても引き継いだ。また事務局には公募による新しい職員が加わることになるが、活動の推進に関わる個々人もまた、ブックスタートを私物化しないという基本的な姿勢をもって業務に携わってきた。

次の章では、英国から学び日本で立ち上がったブックスタートが、各地でどのように取り組まれてきたのかを詳しく見ていきたい。全国の活動の中から、地域性や人口規模、立ち上げの経緯や取り組みの様子などが異なる、特徴ある三地域の事例を取りあげたい。

第三章　地域に根ざした取り組み

北海道恵庭市

親子の幸せを願う人のつながりが、新しいまちをつくる

「恵庭でやりたいな」

私たちの東京の事務所に、北海道恵庭《えにわ》市で市立図書館長をしていた中島興世《こうせい》さんが訪ねて来たのは、私たちが英国視察から戻って間もない二〇〇〇年の夏の盛りだった。恵庭市は北海道の中西部に位置し、札幌市から電車で約二十分というベッドタウンだ。四月に図書館長に着任したばかりの中島さんは、推進会議のホームページで小さく紹介されていたブックスタートの情報を見つけ、興味を持ったという。「Share books with your baby. っていうコンセプトがあまりにシンプルなのにグーッとひかれてね、これはなんとかして恵庭でやりたいなと思ったんです。」

恵庭市のブックスタートのもう一人のキーパーソンとなるのが、図書館司書の内藤和代さんだ。着任したばかりの新館長から「赤ちゃんに絵本をプレゼントする、英国生まれの新しい活動を始めよう」と言われた内藤さ

〈北海道恵庭市 基本データ〉

人口(2009年3月末現在)	68,483人
年間出生数(2008年度)	574人
ブックスタート開始年月	2001年4月
実施機会	9-10か月児健診
連携機関(◎印は事務局)	◎図書館／保健センター／ボランティア

んは、手渡された情報が断片的なものだったこともあり、最初はとまどいの方が大きかったという。「図書館の事業というのは、基本的には資料の収集・保存・提供なんです。なぜ図書館がプレゼント行為をしなくてはならないのかと思いました。」ただ、子どもの図書館利用が増えたという英国の調査結果には興味を持った。「恵庭市では一九九二年の図書館開館を頂点に、児童の図書館利用が年々減り続けていたので、図書館としてもいろいろと対策を講じていました。子どもも対象のイベントを企画してみたり、学校への団体貸し出しを行ったり。四－五か月の子どもを持つ保護者を対象とした保健センターでの育児教室では、絵本や読みきかせの方法を紹介するだけでなく、赤ちゃんの図書館利用者カードの登録も勧めるんですが、『記念にどうぞ』と言うと、ほぼ一〇〇%の方が作ってくれるんですね。それで、保健師さんがほかのプログラムをやっている一時間くらいの間に図書館に戻って全員分のカードを作り、本の貸し出しがその場でできるように絵本とノートパソコンを用意してくるんです。でもそこまでしても、借りていってくださる方は毎回三十組中、たったの一組か二組。どうしてかと思い理由をたずねると、『家で赤ちゃんのお世話をしているうちに一日が過ぎてしまうので、図書館に行くのは大変。借りると返さなくちゃならないから』と。赤ちゃんが〇歳のうちは、図書館に来るのさえ大変なんですね。それなら絵本をプレゼントしてしまった方が、家庭で赤ちゃんと本をひらくきっかけにはなるだろうと思いました。」

しかし内藤さんがブックスタートを本当の意味で理解したのは、杉並区での試験実施に先立って開催された「ブックスタート国際シンポジウム」で、英国ワルセール市の図書館司書、ジェニー・マンダーさんの話を聞いてからだった。

「ジェニーさんは『ブックスタートは図書館がやるべきことだ』とはっきりおっしゃったんです。ブックスタートをするためには、しっかりと横の連携体制を整えなくてはならない。私たちの部署で言えば、保健福祉部の保健師さんや子育て支援センターの職員と連携していくということですが、そこをきちんとやれば必ずうまくいくっておっしゃったんです。それを聞いて、ブックスタートは図書館にとっては読書推進活動のひとつだけれど、これは子育て支援になっていくんだということを感じました。自分でも本などを読んで分かっていたつもりだったんですが、読書推進の本来の目的は、子どもが幸せになってほしいとか、親子関係が良くなればいいとか、そういうことでもあるのだと改めて気づかされたんです。ジェニーさんが図書館の現場で、プレイワーカーと一緒に赤ちゃんの遊びのワークショップやゆりかごクラブを開催しているとか、様々な取り組みをされているという話を聞いて、ああ、なんて素敵なんだろう、図書館でも子育て支援ができるんだと思いました。」

子ども読書年のこの年、恵庭市では文部省(当時)から「子どもの心を育む読書活動推進事業」の委嘱を受け、そのうちのひとつである「読書環境意識調査」に対して助成を受けていた。委嘱先として発足した市民組織の幹事役を担っていた図書館は、その調査方法としてブックスタートを行うことを提案し、同意を得た。こうして二〇〇〇年十二月から、保健センターで行われている九－十か月児健診の場で恵庭市のブックスタートの試験実施を行うことになったのだ。図書館が保健センター、子育て支援センターに声をかけ連携し、さらに文部省事業の委嘱を受けていた市民組織のメンバーもボランティアとして関わることになった。

行政部署間の連携を図る

行政内の各機関が連携を図るために、恵庭市ではまずそれぞれの立場の問題意識を共有することから始めた。保健センターでは、健診の待ち時間が長いので会場で何かをしたいと思っており、開設されたばかりの子育て支援センターは、とにかく保護者にセンターをPRして利用を増やしたいと考えていた。そして図書館にはできるだけ多くの家庭に本を届けたいという思いがあった。それぞれの立場にブックスタートへの期待があり、連携は思った以上に順調に進んでいった。

しかしこれは行政としては大変な試みでもあったという。行政では通常、対象となるのは〝子ども〟という同じ存在であっても、何か問題が起きれば、機関ごとにそれぞれの部署が別々の対応をしていく。こうした対応による弊害をなくそうと、子どもに関わる各機関の横断的な取り組みを促進する「子ども課」などと呼ばれる新しい部署を設置する試みが全国に広がってはいるが、それでもなお縦割りの壁を越えられない地域も多いという。そうした中、図書館と保健センター、子育て支援センターがブックスタートという新たな事業を始めるために互いに知恵を出し合うのだ。ブックスタートの連携の特徴について、立ち上げ当初から活動に携わっている保健師の高橋明子さんは次のように話した。

「行政の中で連携する時は、どちらかの部署が主、どちらかがお手伝いという感じがどうしてもあるんですね。でもブックスタートの場合は、保健センターも、ただ場所だけを貸せばよいというような思いではやっていません。お互いそれぞれが考えていることをきちんと伝え合うし、担当者同士の信頼関係の上でうまく連携できているんじゃないかと思います。保健センターとしても、ブックスタートを通じて子育て支援を行っているということがPRできてうれしいんです。」関係者が自然と顔を合わせることになる健診という場が定期的にあることも、連携を図る上でうまく働いているという。

ボランティアと連携する

一方、ボランティアとの連携は最初からスムーズだったわけではなかった。ブックスタートを始める前は、図書館とボランティアの間にはうまくいっていない部分もあったという。中島さんは最初の話し合いの頃に、ボランティアがブックスタートの話に集中してくれないことに違和感を覚えたとふりかえる。「ブックスタートの話をしているのに、話題はそこに留まらずに『館長は本の物置のようになっている学校図書館を見たことがあるか』とか『市立図書館の近くの子どもたちはよいけれど、遠くに住んでいる子どもたちはどうすればいいのか』といった質問が出るんです。そこで、改めてボランティアさんたちと話をしたり、職員に話を聞いたりして感じたのは、ボランティアさんたちがこれまで図書館主体の事業を一方的に手伝わされてきたのではないかということでした。そうした関係がずっと続いたことで、ブックスタートには賛成でも、ああ、また私たちをこき使うのか、というのに近い感情があるんじゃないかと思ったんですよね。」

ボランティアが行政事業の下請け的存在になり、それが続くことで疲れてしまうという状況は、恵庭市に限ったことではないという。そこで図書館ではこれまでとは逆に、ボランティアの取り組みに対して行政が協力をすることから、信頼関係を作り直していくことにした。内藤さんは「市民がやりたいこと、実現したいことを、図書館がどのようにサポートできるのかというふうに発想を変えたんです。それからは『学校図書館を充実させたい』『図書館の分館が欲しい』という市民の意向を図書館が理解し、協力するようになりました」と話す。こうして学校図書館を良くするための勉強会をボランティアと一緒に始め、学校図書館の先進地と言われていた沖縄県への視察も二回も企画し、それぞれ図書館職員と市民らが十名以上参加した。中島さんは「行政としてそうした動き方をするのは、もちろん簡単なことじゃないんです。例えば勤務時間中にボランティアの活動に参加したらそれは仕事なのか、休暇をとれば構わないのか、時間内にできなかったことはどうするか、残業するのか、残業代は出るのかなど、行政内の調整も含めて整理しきれないことはたくさんあるんです。ただ『子どもの読書環境を良くする』ということが図書館のミッション(使命)であるとするならば、主催がどこであるかは関係ない。行政がやることに市民の方が協力してくれることが市民参加であるのならば、市民の皆さんがやることに行政が参加する〝行政参加〟という形があってもいいんじゃないか、と。ミッションから発想して行動していくことを大切に考えたんです」とふりかえる。こうして行政とボランティアの関係が、少しずつ同志的なものに変わっていった。

二つの課題

恵庭市ではブックスタートの実施方法を検討する際にも、関係機関の担当者やボランティアが活発に意見を交換し、その中で大きく二つの課題が浮かび上がった。

一つ目は保健師から出された意見だった。それは「これだけ目的がしっかりしていて、パックにもそれなりに予算がかかる事業なのに、受け取った方は『ああ、無料で絵本をもらえて良かったね』というだけで終わってしまう可能性がある。パックをただの健診のお土産にしない方法はないだろうか」ということだった。そこで話し合いを重ね、パックを手渡すための三段階のステップを考えた。まず問診の中で保健師が「赤ちゃんと絵本をひらく時間の意味」についての話をする。そしてカーペットの上で親子が次の診察を待つ間に、ボランティアが実際に絵本を読んで、その楽しさを実感してもらう。最後に図書館職員が一対一でブックスタートについて説明する。健診の最後に唐突に絵本のパックを手渡すのではなく、こうして健診全体を通して少しずつ話をしたり、保護者に楽しさを体験してもらえば、最後に手渡されるパックが単なるプレゼントとして押入れの中にしまわれてしまうことはないだろうと考えたのだ。

二つ目の課題は、ボランティアからの指摘だった。それは「ブックスタートで絵本を手渡した後の赤ちゃんと保護者へのフォローアップが、図書館にできるのか」という点だった。もともと絵本に興味がなかった親子も、ブックスタートがきっかけとなって図書館を訪れるようになるかもしれない。そうした場合に、赤ちゃん連れの来館者が「また来よう」と思うような受け入れ体制が図書館に整っているのかということだった。これについては、中島さんも内藤さんも思い起こす出来事があった。それはある図書館主催のシンポジウムの時に、一人の若い母親が「赤ちゃんを図書館に連れて行くのは、とても勇気がいることなんです」という発言をしたことだった。図書館は静かな所というイメージがある。実際に「子どもがうるさい」という苦情が利用者から寄せられることもあり、内藤さんをはじめとする図書館職員も、赤ちゃんの姿を見かけると無意識のうちにその様子に注意を払うようになっていた。中島さんは、その発言を聞いた時に「毎日言葉をいくつも覚えて将来を背負って立つ赤ちゃんにこそ、図書館は開かれているべきじゃないか」と強く思ったそうだ。「いま社会の中には子どもへの虐待だとかいろいろな問題があるけれど、それは決していまの母親の育児の力が落ちているからというわけではないと思う。核家族化が進んで、母一人、子一人という密室での子育てが行われている。これは人類の歴史上初めての経験で、ここに大きな無理があると思うんです。欠けているのは母親の育児の力ではなくて、家族の支え、地域の支えなんじゃないか、と。いま必要なのは若い母親を非難することではなくて、子育てを支える地域社会をしっかり作ることだと思ったんです。」

そこで図書館ではブックスタートを開始するにあたり、Baby Friendly Library（赤ちゃんに優しい図書館）というビジョンを掲げ、「赤ちゃんも立派な図書館利用者である」という認識を図書館職員全員で共有し、それを利用者にも伝えていくことを始めた。そのことによって図書館には様々な具体的な変化が生まれた。

「まず、図書館の入り口にベビーカーを二台備え付けました。これは赤ちゃん連れの方に対して、ベビーカーを使ってゆっくり図書館をお楽しみくださいということでもありますが、同時に一般の利用者に対する『図書館は赤ちゃんも利用します。赤ちゃんが泣いてもあたたかく見守ってくださいね』というメッセージでもあるんです」と内藤さんは説明した。さらに「児童書コーナーの中に赤ちゃん絵本コーナーを独立させて、そのそばに小さな子どもでも座れるような木の

児童書コーナーに置かれた
小さなテーブルと椅子

図書館入り口に置か
れたベビーカー

椅子とテーブルを設置しました。その椅子に座っている様子は、本当にかわいらしいんですよ。そしてボランティアさんと協力して、赤ちゃんでも参加できるおはなし会を図書館で毎週開催することにしました。」こうした新たな取り組みに加え、ブックスタート開始後には館内の空きスペースを活用した授乳コーナーも設置され、図書館の雰囲気は大きく変わった。「赤ちゃんを連れて行ける場所って少ないんですよね」とニコニコしながら図書館を訪れる利用者が増え、赤ちゃんがその場にいることで職員や一般の来館者の顔も自然とほころび、みんながなんとなく優しい気持ちになっていったという。

こうして二つの課題に対して関係者がアイデアを出し合い、準備を整え、恵庭市の試験実施はスタートした。

健診会場が感動的な場に

試験実施の際の最大の収穫は「赤ちゃんは絵本を読ん

でもらうのが好きなんだ」ということを関係者全員が再認識できたことだったという。会場で絵本をひらいてみると、赤ちゃんは「何だろう？」という視線を投げかけてきたり、数ページ読み進めれば「ニコッ」と笑ってくれたりした。言葉あそびの絵本に声をあげて笑う赤ちゃんもいれば、自分でページをめくろうとしたり、慣れてくると読み手に抱っこをせがむ赤ちゃんまでいた。ボランティアもだんだんとリラックスし、本を一緒に読むだけではなく、自然と赤ちゃんをあやすようにもなった。「見てください！　赤ちゃんも絵本、楽しんでますよー」「うわあ、すごいなー」と図書館職員もボランティアも保護者も、みんなで一緒になって驚き喜んだという。同じ会場では、子育て支援センターの職員が育児に役立つ情報資料を配り、センターの利用案内も始めた。「赤ちゃん健診の会場の様子がガラッと変わったんです。行政職員も一生懸命だし、ボランティアも一緒にがんばる。保護者もうれしそうにしている。本当にあたたかくて感動的な会場になったんです」と中島さんは当時の様子をふりかえった。

読む人の口元を不思議そうに見つめる赤ちゃん

こうして試験実施を通してブックスタートへの自信と確信を深めた関係者は、二〇〇一年四月

から市の事業として本格的にブックスタートを実施したいと考えていたが、新規事業ということもあり、予算獲得は難しかった。その後ボランティアによる陳情や、市民からの要望の高まりによって、年間出生数の半数分の経費がまず予算化された。しかし実施するのであればやはり年間を通して、すべての赤ちゃんに届けたいと考えていたところ、市民から残りの金額分の寄付があり、ようやく一年分の予算を確保した。中には、お香典返しにあてる費用を寄付する人もいて、命のつながりを感じたという。こうした経緯もあり、恵庭市のブックスタートはさらに心のこもったものになっていった。

恵庭で生まれた子には必ず会える

保健師の高橋さんも、ブックスタートが入ることで健診の中に様々な変化が生まれたと感じていた。「最初は、会場に職員やボランティアなどの関係者が増えることによる混乱や、健診の流れが滞るのではないかということに不安がありました。でも結果としては、心配することは何もなかったですね。特にボランティアの方たちが入ったことで、健診の待ち時間の雰囲気がやわらかく穏やかになったと感じました。」

さらに、始めるまでは予想もしていなかった効果も期待できたという。

「子どもとどう関わったらよいのか分からないというお母さんに、ただ『あやしてあげて』と

健診会場の雰囲気が穏やかに

言っても具体的に何をしたらいいのかが分からない。そこでボランティアさんと一緒に本を読んだり、赤ちゃんをあやす場面を体験することで、それが、こういうふうに関わればいいんだとか、こういうことをするとこんなうれしそうな表情をするんだ、ということをお母さんが自然と学ぶ機会にもなると考えました。その楽しさが実感できればお母さんもホッとするし、家でもやってみようって思いますよね。特に恵庭市の場合は、若い世代で転入されて来る方も多く、なかなか近所づきあいが持てない家庭も多いんです。ボランティアのみなさんは子育てを終えた五十代、六十代の方たちが多いので、ブックスタートが世代間交流というようなことにも自然とつながればよいと思いました。」

また健診の受診率にも変化が現われた。「ブックスタートが始まってから、上がってきたんです。」二〇〇〇年に九一%だった受診率は、その後上がり続け、二〇〇六年には九八%にまでなっている。「受診率が上がるということは、恵庭で生まれた子に必ず会えるという機会が増えることでもあるんです。多くの親子に会って不安や心配なことがないかといった話を聞き、様々な情報提供ができることで、虐待予防にもつながっていくと思いました。」

恵庭市のこうした活動の様子は北海道内に限らず全国からの関心を集め、しばらくの間は内藤さんが通常の業務ができなくなるほど問い合わせが殺到した。実際のブックスタート会場にも毎回、全国各地から視察団が訪れるようになり、テレビや新聞の取材も相次いだ。

えにわゆりかご会

視察に訪れる人たちの多くが、会場の見学だけではなく、ぜひ交流する時間を持ちたいと望むのが「えにわゆりかご会」(以下、ゆりかご会)だ。ゆりかご会は、前述の文部省事業の委嘱先となっていた市民組織が発展するかたちで、二〇〇一年四月にブックスタートとそのフォローアップ活動を行うボランティア組織として立ち上がった。現在、二つの団体と約三十名の個人会員が、ブックスタート会場での活動のほかに、子育て支援センターでおはなし会を開いたり、年に二回、乳幼児と保護者を対象にしたイベントを開催している。ゆりかご会では、事業の実施に伴う事務的な手続きから会計までをすべて自分たちで行っている。また会員が会費というかたちで事業費用を負担するのではなく、事業の実施に対して支払われる謝礼や助成金等を会の運営費にあて、独立した市民ボランティア組織として活動している。しかし現在では軌道に乗っているゆりかご会の活動は、最初から順調に進んだわけではなかった。

ブックスタートが本格的に立ち上がった年でもある初年度は、赤ちゃんを対象とした親子向けのイベントを毎月開催し、本に関することだけでなく、「わらべうた」「赤ちゃんとの遊び」「食育」などの幅広いテーマを扱い、専門家を招いて講演会なども行った。メンバーの中に芽生えた赤ちゃんに対する関心は、「人の育ち」という側面から考えていくと留まるところのない広がりがあるように感じたという。しかし、そうした毎月の活動を長く続けることはできなかった。当時からゆりかご会に関わる事務局長の平井立《りつ》さんは、次のようにふりかえる。「会員には、ゆりかご会だけではなくて、ほかでもボランティア活動をしている人が多いんです。ブックスタートが始まったばかりなのに、イベントが毎月あって、少し振り回される感じになってしまって……。一年目が終わった時に『なんか疲れちゃった』という人が出てきたんですね。それで二年目の事業計画を立てる時に、無理をしないでペースダウンしていこうよ、ということになったんです。」こうして二年目には、ブックスタート会場での活動を中心にして余裕を持って取り組むようになった。「自分たちが楽しんでやらなくちゃ、子どももお母さんもお父さんも楽しくないよね、とみんなで話して、〝楽しいからやる〟ということを大切にしてきたんです」と語る。

「ブックスタートは愛情を届ける活動だから」

活動が三年目を迎えた頃、ゆりかご会のメンバーは「自分たちが本当にやりたいことは何なのか」ということをとことん話し合った。そして改めて「読みきかせは大切だけれども、絵本はきっかけであって、一番の目的は赤ちゃんが健やかに成長することと、保護者が安らかな気持ちで子育てができることで、それを応援したいんだ」ということがはっきりしてきたという。そしてその頃から「子どもが好きで、親子の幸せを願うあたたかい気持ちのある人であれば、だれでも参加できる会」ということを前面に打ち出して、会員を募集するようになった。これによって、会の立ち上げ当初には関わりがなかったような更生保護女性会*のメンバーや折り紙の専門家など、様々な分野に会員の輪が広がっていった。このことについて、会長の竹中一雄さんは次のように語った。「今までのボランティア活動というのは、人に善意を期待されてすることが多かったと思いますが、本当はだれかに頼まれて善意を示すなんて、おかしな話ですよね。ボランティアには、人の命が大切にされて、子どもが健やかに育ってほしい、そして自分の住む地域で安全に安心して暮らしたいと願う本人の気持ちが大切だと思う。そんなことをみんなと一緒に考えてきた中で、ゆりかご会の目的も自然と『読みきかせをすること』ではなくなっていったんです。」

恵庭市では、図書館でもこの考え方を共有し、毎月行われるブックスタートには、児童サービスの担当者だけではなく、ほかの職員もローテーションを組んで関わっている。内藤さんは「パックを手渡す職員が、絵本についてよく知っていることはもちろん大切ですが、なによりも必要なのは、赤ちゃんと人間の命に対する愛情だと思っています。それはブックスタートが愛情を届ける活動だからなんです」と話した。

その後、恵庭市には、ゆりかご会のほかにも「男声読み聞かせ隊 with Ms」というグループが立ち上がり、図書館や保育園、幼稚園などでおはなし会を開いている。これは、絵本の中には男性の声で読んだ方が、より内容を楽しめるものがあるのではないかと思った男性が中心となって結成した団体である。子どもたちに本を読むということを初めて体験する六十代、七十代の男性会員も多く、「子どもたちは本当に大喜びで、同じ本を三回も読まされた。こんな幸せなことはない」と話しているという。

男声読み聞かせ隊 with Ms のおはなし会
（写真提供：恵庭市）

年齢や性別、これまでの経験を問わず、親子の幸せを願う幅広い分野の人たちに関心の輪が広がったことで、ゆりかご会や男声読み聞かせ隊 with Ms のような活動が自然と市民に受け入れられ、地域に根づいてきたのだ。

＊ 地域社会の非行や犯罪をなくし、犯罪者や非行少年の更生に協力することを目的とする全国的なボランティア組織。近年では地域の子育て支援の活動などにも取り組む。

恵庭市の子育て環境改革

恵庭市では二〇〇七年四月から、英国で行われているブックスタートのフォローアップ活動である「ブックスタートプラス」に新たに取り組みはじめた。これはブックスタートをきっかけに親子で本をひらく楽しさを知った家庭に、引き続き関心を持ってもらおうと、保健センターでの一歳六か月児健診の時にも絵本を手渡す活動だ。ブックスタートプラスでは、用意された六冊の絵本の中から一冊を選んでもらい、赤ちゃん絵本を紹介するガイドブックと一緒に手渡す。図書館職員と相談しながら親が本を選ぶ家庭もあれば、自分が好きな本を子ども自身が決めることもあるという。健診会場にはブックスタートと同じように、親子がボランティアと一緒に絵本を読みながら過ごすことができるスペースが設けられている。九–十か月児健診でのブックスタートにも関わっているボランティアの一人は、「もっと小さな時に同じ会場で出会ったはずの赤ちゃんが、今度は自分で本を選んでいく姿を見ると、本当にうれしくなってしまうんですよ」と語った。ゆりかご会のメンバーと、新たに募集した「ブックスタートプラス協力会員」のボランティアがこの新しい活動を支えている。

さらに恵庭市では、子どもが成長に応じてより多くの本と出会えるようにと、市内の読書環境の整備にもエネルギーと予算が注がれるようになった。二〇〇三年度に、通常は教育委員会の学校教育管轄に置かれる学校図書館の運営が市立図書館に置かれた。市の図書館業務が一元化されるというめずらしい体制が組まれ、これによって市立図書館と学校図書館の強力な連携が図られた。二〇〇四年度から二〇〇六年度にかけては北海道で初めて、市内すべての小中学校の学校図書館に順次司書が配置され、二〇〇七年には市立図書館と学校図書館の蔵書データがオンラインで結ばれて、図書館と全小中学校の間を毎日配本車が巡回するようになった。この配本システムによって、子どもが学校司書を通してリクエストした市立図書館の本が、早ければ翌日の午後には子どもの手元に届くという体制が整った。さらに同年、認可・無認可にかかわらず、市内の全保育園と幼稚園に豊富な絵本を置くための新たな予算が付いた。

そして二〇〇七年四月には、恵庭市のブックスタートで絵本を受け取った最初の赤ちゃんたちが小学校に入学した。先生たちは、新一年生の印象について次のように語っているという。「本の読みきかせをするよって言った時の集中の仕方がすごい。騒いでいてもスッと入ってくる」「朝の読書の時間も、一年生なのに本を読んでいる様子がとっても自然。」内藤さんも「先生たちに『今までの一年生と違いますか』って聞くと、『確かに違いますね』って言ってくれます。それだけ家庭で本を楽しんできたのだと思うんです」と話す。さらに近年、恵庭市の子育て世代の人口が増加しているという。活動の立ち上げ当時は図書館長だった中島さんは二〇〇三年三月に市役所を退職し、市議会議員を経て、二〇〇五年十一月から二〇〇九年十一月まで恵庭市長として市の行政に携わった。中島さんは「中には、子育てするなら恵庭がいいって引っ越してくる学校の先生もいるんです。市民と行政がビジョンを持って地域づくりをし、人々はそこで展開される具体的な事業を見て、自分が暮らす場所を選ぶというような動きが起こりはじめているんです」とうれしそうに話した。

ブックスタートを始めたことを誇りに

これまで順調に継続してきた恵庭市のブックスタートだが、関係者の間には今後、熱心に取り組んでいた担当者に人事異動があったり、中心となって活動しているボランティアが引っ越しをしたりすることによって、事業の推進力が落ちてしまわないかと心配する声もあった。そこで活動の継続を個人の力に頼るのではなく、より確実なものにしていくために、恵庭市では市の総合計画の中に積極的にブックスタートを位置づけている。行政の児童福祉や母子保健・医療、教育などの分野が、総合的に少子化・子育て支援対策を進めるために二〇〇五年に策定した十年計画「えにわっこプラン21(恵庭市次世代育成支援行動計画)」や、同じく二〇〇五年に策定された「恵庭市子ども読書プラン」の中で、ブックスタートは計画の柱として位置づけられ、その重要性が語られている。またゆりかご会では、活動が市民の支持によって継続している事業であることを伝えるために、会報誌『ゆりかごつうしん』を市議会議員全員に配っている。

そして恵庭市の関係者は、「最終的に活動の継続にとって一番大切なのは、人だ」と口をそろえる。例えば地方自治体の財政難の流れがさらに深刻になり、ブックスタートが予算カットの対象とされてしまいそうな時に、「これは単なる配布物のための予算ではなく、子育て支援の方策として継続するべき事業の予算なのだ」ということを、きちんと説明できる人の存在が必要になってくるという。

内藤さんは、新しくブックスタートに関わる人たちに、活動を立ち上げた時の気持ちをどう伝えていくかが、これからの課題だと言う。「泣いていた赤ちゃんが、自分が絵本を読んだことで初めて泣きやんだ時の喜びは忘れられません。最初に始めた人には大変な苦労もありましたが、やっぱり立ち上げた時の喜びも大きくて、ブックスタートを誇りに思っている人が何人もいるんです。このあたたかい思いのつながり、ブックスタートの大切な核の部分を、人が変わっても代が変わっても、ちゃんとつなげていくことが大切なんです。」

ブックスタートは恵庭市の図書館を変え、健診を変え、市民と行政の関係をも変えてきた。恵庭市に蒔かれたブックスタートという種は、関係者が協力して土を耕し、水をやり、肥料を与えて、手間をかけ、大切に育ててきた結果、恵庭の地にしっかりと根を張り、花を咲かせ、今、最初の果実が実りはじめているのかもしれない。そして豊かになったその土壌には、また違った種から出た新しい芽も元気に育ちはじめているのだろう。木々が豊かに葉を茂らせる森が気持ちよく、そこで過ごす時間が安らかであるように、恵庭市もまた、そこに暮らす人々にとって、これからますます安心して子育てができる豊かなまちになっていくのではないだろうか。

●鳥取県鳥取市●　すべては赤ちゃんの笑顔から

県内のネットワークとブックスタートの広がり

鳥取県は、全国四十七都道府県の中でもブックスタートの普及率が最も高い県である。この広がりの背景には、「とっとりの子ども読書ネットワーク会議」という、子どもの読書や子育て支援に関わる人々のゆるやかな連携組織の存在がある。

米子市に本社がある今井書店グループの会長の永井伸和さんは、石井桃子さんが著した『子どもの図書館』(一九六五年、岩波書店)を読んだことがきっかけで、一九七二年に地域の集会所で地域文庫を始めた。当時、県内の公立図書館といえば県立図書館の本館と分館で、町立図書館は一館しかなく、鳥取県の市町村図書館活動は全国の状況と比較してもかなり立ち遅れていたと永井さんはふりかえる。そうした状況の中で、文庫活動をしていた人たちと一緒に、自然と「身近に市町村立図書館が欲しい」という市

〈鳥取県鳥取市 基本データ〉

人口(2009年3月末現在)	197,054人
年間出生数(2008年度)	1,930人
ブックスタート開始年月	2003年4月
実施機会	6か月児健診
連携機関(◎印は事務局)	◎保健センター/図書館/ボランティア

民運動を展開するようになった。鳥取県は東西に長い地形だが、西部の中心である米子市周辺だけではなく、中部、東部で文庫活動をする人たちとも積極的につながりを作っていったという。長年にわたって行政に働きかけたり、行政とともに運動を展開してきたことによって、県立図書館や教育委員会の職員との信頼関係も強いものになった。そして一緒に数々の催しを開催していく中で、鳥取県内で子どもの読書に関心を持つ人たちとのつながりも自然と強くなっていった。こうして二〇〇〇年の子ども読書年に、恵庭市と同じく文部省の「子どもの心を育む読書活動推進事業」の委嘱を受けたことがきっかけとなって、そのつながりが自然と「とっとりの子ども読書ネットワーク会議」(以下、ネットワーク会議)という組織へと発展することになった。

鳥取県にはもう一つ、「本の学校」生涯読書をすすめる会という市民組織がある。この会は「胎内にいる時から老後まで、本との出会いによる豊かな暮らしを」をテーマに、一九九八年に発足。年齢、立場を越えた人々が読書を通じてゆるやかで自由なネットワークづくりをすることを目的とし、市民ボランティアグループのほかにも、行政、社会福祉協議会、病院、老人福祉施設、図書館、PTAの関係者など幅広い分野からの参加がある。

この会が二〇〇〇年七月に英国視察から戻ったばかりの推進会議・ブックスタート室に連絡を取り、東京から佐藤を呼んで全国に先駆けてブックスタートの勉強会を開いた。そこで鳥取県立保育専門学院講師の足立茂美さんは初めてブックスタートを知った。そして翌八月に開かれたネ

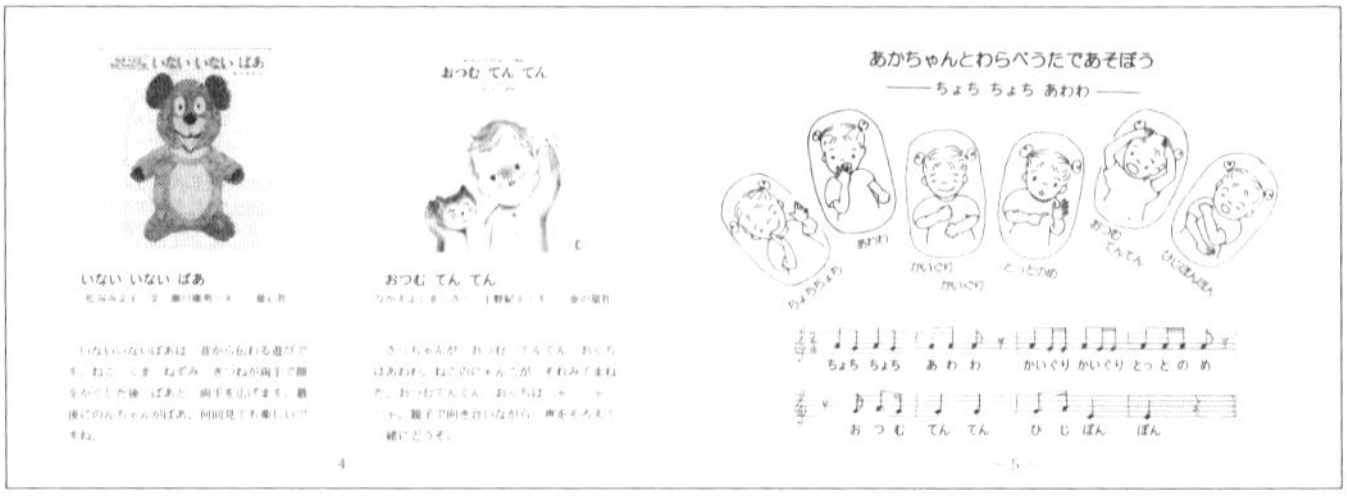

絵本だけでなく，手遊び歌
なども紹介

『ねぇ よんで』(編集・発行 とっとりの子ども読書ネットワーク会議)

ットワーク会議の設立総会で、さっそくブックスタートを紹介したという。「幼い時に絵本を介して親子が気持ちを通わせることが大切だっていうことは、自分自身の子育てを通じて感じていて、それがブックスタートとぴったり合うような感じでした。しかもそれが関心のある親子だけではなく、地域のすべての親子に行きわたるって聞いた時は、これからどんなすばらしいことが起こるのだろうと、目の前に虹がかかったような気持ちになったことを覚えています」と足立さんはふりかえる。その後ネットワーク会議では、東部・中部・西部のそれぞれの地域でフォーラムを開催して、ブックスタートをより詳しく紹介した。二〇〇一年三月には〇歳から二歳児向けの絵本リスト『ねぇ よんで』を制作し、まずは「小さな赤ちゃんとでも絵本で楽しい時間を過ごすことができる」というメッセージを、県内のすべての赤ちゃんがいる家庭に伝えようと、年間出生数分を全市町村の母子保健担当部局に届ける事業を展開した。

「すべての子どもだで」

この絵本リストを図書館ルートではなく母子保健担当部局ルートで配布し、読書推進事業よりも、むしろ子育て支援事業の中で有効に活用してもらいたいと考えたのが、鳥取市のブックスタートを立ち上げた中心人物の一人である松本兵衛《ひょうえ》さんだ。松本さんは、県の職員として県立図書館長や教育長を務める中で永井さんたちが行っていた市民活動と出会い、県を退職してからも引き続き市民活動に携わっている。

「八月のネットワーク会議の設立総会で足立さんからブックスタートの話を聞いた時に、あ、これはやらんといかんと、そう思いましてね。それで私もすぐに挨拶の中で『やらんといかん』と言ったんです。『ねぇ よんで』ができた時も、県の子育て支援の担当課に絵本リストとブックスタートのPRをさせてほしいって頼んで、全県の子育て支援関係者が集まる研修会で十五分だけ時間をもらって話をさせていただいたんです。」鳥取市で長年文庫活動をしてきた奥村暁美《あけみ》さんは、その時のことをこう語る。「今でも覚えているのは、松本さんが『すべての子どもだで、すべての子どもだで』って言っていたこと。私は初めは『そんなの無理です、まずは自分の身近にいる子どもたちからですよ』って言っていたんですけど、『いや、すべての子ども、そこが大切』ってくり返し言われて……。だんだんと、ああ、そうかーって思いはじめたんです。」

松本さんは県の仕事からは引退していたが、その頃、地域の公民館長の仕事を引き受けていた。

「公民館にやってくるある親子がいたんですが、お母さんが孤立した中で子育てをしていて、非常に追いつめられて、身体が硬く小さくなって動けないような感じになってしまっていたんです。そうすると子どもさんも同じような感じで固まってしまって。お母さんが一人でがんばっている、つらい姿をしている様子を実際に見ていて、これは大変だ、なんとか支援せないかんと思っていましてね。それで足立さんから『条件の恵まれた子どもたちだけではなく、すべての赤ちゃんが幸せに』というブックスタートの話を聞いた時に、あ、これだって思ったんですよ。」

最初の予算要求

こうして鳥取市では、二〇〇〇年から二〇〇一年にかけて、市民の中からブックスタートへの関心が盛り上がっていった。松本さんと奥村さんはまず、市の子育て支援事業の担当部署である児童家庭課にブックスタートの予算化を要望することから始めた。何度も出向いて活動の説明をしたところ、課としても熱心に予算要求をしてくれたという。しかし鳥取市では過去に赤ちゃんに物品を配布する事業を行っていて、それが「モノをあげるというのは効果がないからだめだ」

という理由で廃止された経緯があった。そのためブックスタートも「本をあげる」という点でその事業と一緒にされてしまい、結局その時には予算がつかなかった。

そこで、児童家庭課から乳幼児健診を担当している保健センターに、ブックスタートを検討できないだろうかという話がまわってきた。当時、保健センターでブックスタートの担当になった保健師の窪田里美さんはその時の状況について、こうふりかえる。

「保健センターでも、子どもの健やかな育ちを支えることを目的として、ちょうど二〇〇一年に『鳥取市すくすくプラン』という子育て支援計画を作っていました。その作成にあたっては市民の子育ての現状を把握するためにアンケート調査を行い、そこからいくつか気になる結果が見えてきていたんです。鳥取市でも子どもと両親だけで暮らす核家族が増えてきていて、その割合は全体の六三%にものぼり、さらに全体の六九%の家庭では母親も働いていて共働き家庭が多いことが分かりました。そして『身近に子育ての仲間がいない』と答えた保護者は二一%いて、五人に一人は周囲から孤立して子育てをしている状況も見えてきました。また『子どもを虐待していると思うことがあるか』という問いにも、五人に一人が『そう思う』と答え、その人たちは子どもに感情的な言葉をぶつけたり、叩いたりしている時に『虐待しているのではないかと感じている』ということでした。保護者が子育てにゆとりを持てない様子も伝わってきたんです。実際に業務の中でお母さんたちにお会いしていると、中には良い親子関係を作ることができない方もいて、『赤ちゃんに言葉をかけてあげてくださいね』と言っても『なんて声をかけたらいいんでしょうか』という質問が頻繁に返ってくるようになってきていました。そんな中で私たち保健師としても、これまでの保健指導のあり方に限界を感じていて、何か具体的な子育て支援をしなくてはいけないのではないかと思いはじめていたんです。」

そこで保健センターは、こうした課題に対して、ブックスタートの活動であれば少し異なる角度から対応することができるのではないかと考え、保健センターと市民ボランティアに加えて、図書館も連携の輪に入るかたちを整え、三者での検討が始まった。

お金がなくてもできることから

しかし、いざブックスタートをやろうと三者が集まっても、肝心の予算がついていない。そこで鳥取市では、お金がないから何もやらないのではなく「お金がなくてもできることから始めてみよう」と考え、二〇〇二年五月の六か月児健診から、会場で図書館職員とボランティアが親子と絵本を読む活動をスタートさせた。そしてその取り組みの中で保護者にアンケートをとり、健診で読みきかせを体験した感想を聞いた。すると「子どもの遊びに役立ちそう」「こういうゆったりとした関わりも大切だと思った」「楽しかった」「六か月の子でもよく見ていて驚いた」「ホッとする時間が持てた」と様々な反応があった。

ボランティアの奥村さんは「実際に健診で多くの親子に絵本の時間を体験してもらったら、この時間をまたおうちでも持ってほしいから、やっぱり絵本そのものを手渡したいよねと、いっそう強く感じるようになったんです」と言う。こうして翌年度の市の予算が組まれる前に、ボランティアが保護者から集めたアンケートの結果を携えて、改めて市長にブックスタート実施を直接要望しに行ったのだ。ちょうど市議会でもブックスタートについての質問をした議員がいたこともあり、その時は一回で予算がつくことが決まった。

「予算を獲得するまでには、ただモノを配る事業だと誤解されたり、『市民から不要になった絵本を集めて、リサイクル絵本を配ったらどうか』といった意見が出たりもしたんです。その話が出た時には『だって赤ちゃんは本をなめるんですよ』って言ったんですけどね。その手渡された絵本がそれぞれの家庭でどんなに大切な本になるかを知らないから、税金の有効活用という発想でそういう意見になってしまうのは分かるんだけど……。でも全然分かってもらえないからだめだと思い込まないで、分かってもらえるように何回も情報提供していくことが大事なんです。考えが変わっていくための時間が必要なんですね」と松本さんはふりかえる。

鳥取市では最初からスムーズに予算がついたのではなく、一年間の準備期間とも言える時期があった。その間に関係者がくり返しブックスタートの意味について考え、時間をかけてその必要性を実感できたことは、後からふりかえってみれば鳥取市のブックスタートにとってプラスだったと関係者は口をそろえる。

「ゆっくり・ゆったり・にっこりと」を合言葉に

「さあブックスタートを始めよう、ということになった時に一番注意したのは、絵本を読むことが、保護者のプレッシャーや課題にならないように、ということでした」と保健師の窪田さんは言う。「多くのお母さんやお父さんと出会う中で、出産前には赤ちゃんと触れあった経験がほとんどない方もいることを感じていたんです。実際に赤ちゃんと絵本を読んだことがない、だれかに本を読んでもらった経験がない、本を通じての良い思い出がないというような方は、ブックスタートを体験したとしても絵本をひらくことをためらってしまい、あんなに上手に読めないとか、自分が読んでも聞いてくれないかもしれないとか、かえって不安に思うこともあるのではないかと思ったんです。」

そこで鳥取市のブックスタートでは、ともすると「絵本を読んであげましょうね」という雰囲気になりがちのところを、あえて〝絵本〟に力を込めすぎないようにしたという。「『読んであげないといけない』と言われると『どんなふうに読めばいいのか』ということになってしまって、本当は心で感じなければいけないのに頭の知識の方が先に入ってきてしまうんです」と松本さんは言う。

そういう理由から鳥取市のブックスタートでは、絵本を手がかりに親子がホッとできる体験を贈ることを一番の目的にしようということになったという。「ゆっくり・ゆったり・にっこりと」を合言葉に、絵本の読みきかせのほかにも、手作りの小物を使ったわらべうたや手遊びを取り入れ、「楽しかった」「家でもやってみたいな」と感じてもらえるような場を作ろうと工夫した。また、孤立した状況で子育てをしている保護者も多いという現状をふまえ、ブックスタートが保護者同士のつながりを作るきっかけにもなるようにと、三組の親子に同時にその時間を体験してもらうことにし、終わった後もそのグループ単位で健診の時間を過ごすことができるようにした。

しかし最初の頃は、その場にいるだれもが緊張していたという。松本さんは、横から見学しているだけでもその緊張感をひしひしと感じたとふりかえる。「まず読む方が緊張しておられるもんだから、お母さんも緊張して、そうすると赤ちゃんも緊張してね。でもだんだんと慣れてくると、もうゆったりするでしょ。そうするとお母さん方もゆったりする。お互いに心を許すと、みんなが良い笑顔になる。」奥村さんも「だって赤ちゃんの笑顔がすごかったんですものね。赤ちゃんに助けられたのよね」とうれしそうにふりかえる。松本さんも「赤ちゃんの笑顔がすごいもんだから見ているこちらが幸せになる。おそらく親子の関係でも、自分の子どもの笑顔を見て幸せになるんだと思いますよ。そういう笑顔を見られる場をちゃんと提供できるというところが、ブックスタートはすごい。そういう体験を十分間でも一回でも持つことが大事だと思うんです」

と言う。

保護者からも「家では泣いてばかりなのに、こんなふうに笑うんだと思った」「六か月の子でも絵本を見る目が夢中でびっくり！　これからはいっぱいいっぱい読んで、かわいい表情を見るのが楽しみ」といった思いや「忙しい日常の中であのひとときを過ごしたことで、あ、こんなゆったりした赤ちゃんとの時間も大事だったな、一番下の子は勝手に育つので、この子のことはあまり見ていなかったな、と気づいた」という感想も聞かれた。また、三組の親子が一つのグループを作り、赤ちゃんを囲んで笑ったり驚いたりする経験を共有できるようにしたことで、保護者同士が談笑したり、手を貸しあったりする姿も見られるようになり、健診自体の雰囲気もなごやかになった。中にはメールアドレスの交換をして、家を行き来するような友達になったケースもあるという。

マニュアルがなかったのが良かった

このようにゆったりとした雰囲気の中で行われる鳥取市の取り組みは、関係者が何度も集まって話し合いを重ねた結果、出来あがったという。「毎月対象者が百五十人、健診は月二回だったので、一回に約七十五組の親子が来たんです。だから最初は一度に七組を対象にやってみたり、本を読む前に使う手遊びの小道具をあれでもか、これでもかって家から持ってきたりして……」

と奥村さん。しかし一回の人数が多くてあまりにも大変だということになり、最終的に保健センターでは健診日を増やして月に三回にした。そして一回のブックスタートで対象とする人数も七組から五組に減らし、それでも多すぎて丁寧にメッセージを伝えられないという理由から、現在の三組に落ち着いたという。さらに、三組を同時に相手にしていても、一組一組の親子に向き合っているという気持ちを大事にしたいと考え、毎回、人形を使って一人ひとりの赤ちゃんの名前を呼びながら「こんにちは」と挨拶をしてから始めることにした。

保健師の窪田さんも「あのブックスタートの十分間のために、毎月みんなで集まって検討をし

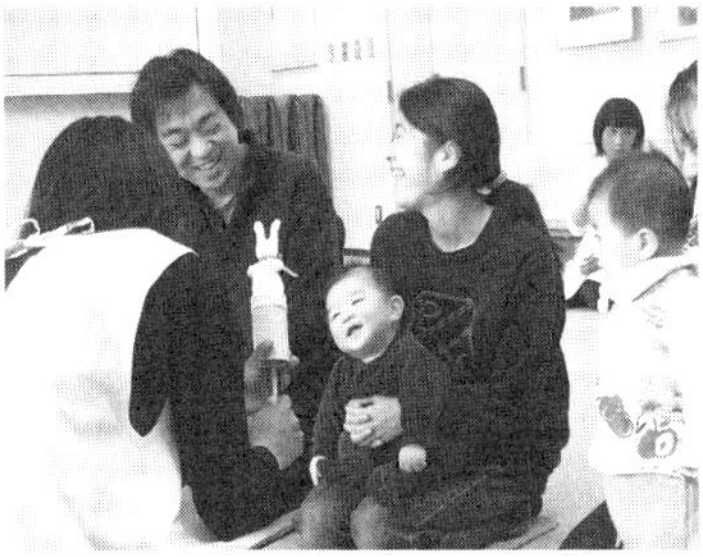

手づくりの人形を使ってごあいさつ

健診会場に飾られたパッチワークのメッセージ

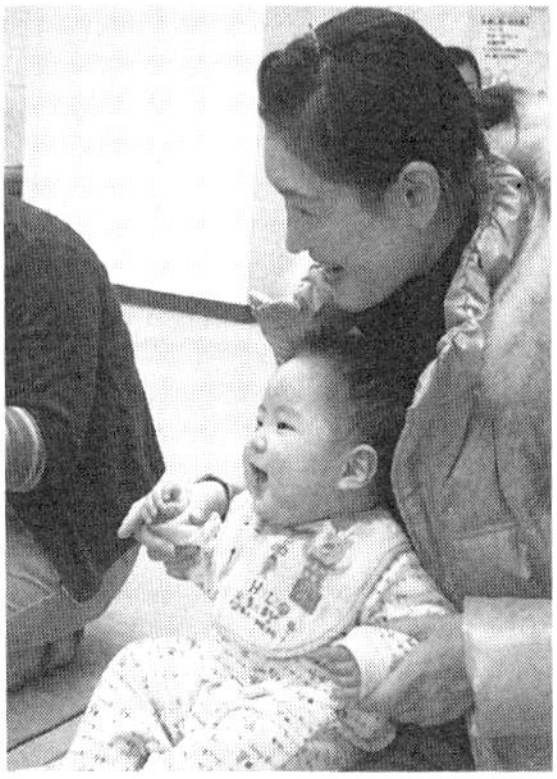

赤ちゃんもお母さんも大喜び

たんです。何組ずつがよいかとか、子どもの気が散らないように座布団は柄のないものにしようとか、エプロンを着けるならどんな色がよいかとか。細かいことをずいぶん話し合いました。赤ちゃんと絵本との距離をどれくらいとるのがよいのかを考えた時には、専門の先生を呼んで勉強会をして、みんなで赤ちゃんの視力とか発達のことなどを勉強したりもしましたね。そういうことを積み重ねてきたんです。みんなが顔を合わせて話し合う期間があったのは、今思えば本当に良かったです」とふりかえる。奥村さんも「あの期間があって仲良くなったんですよね。みんなが知恵を出し合わないと、初めてのことだから、分からないことばっかりだったのよね」と言う。「マニュアルがなかったのが良かったんです。いろんな失敗を自分たちですれば、そこを切り抜けるにはどうしたらよいかが自分たちで分かるようになるから。失敗するということは大事ですよ。マニュアルがあると失敗しないので、ちょっとでもうまくいかなくなると対応できなくなってしまうんです」と松本さんも実感を込めて話した。

現在でも、ブックスタートの終了後には関係者がお茶を飲みながら簡単なミーティングを開き、記録ノートをつけてほかの日を担当する関係者とも情報や意見を共有できるように工夫している。また、年に二、三回はブックスタートの関係者全員が集まって話し合いをする会議を開いたり、全体の研修会なども開催している。

支援を必要とする家庭にこそ

こうして関係者が一から手づくりで築き上げてきたブックスタートを続けていくうちに、赤ちゃんをポンと前に置いたまま抱こうとしなかったり、表情を硬くしてリラックスできない保護者を見て、図書館職員やボランティアにも「大変な思いをしているのかな」ということがなんとなく分かる場面が出てきたという。保健師の窪田さんも「保健指導などで問診をする場とブックスタートでは保護者の様子が違っていて、むしろブックスタートの方が、手助けが必要な保護者の様子がよく見えてくることもあるんです。ブックスタートがそういう方たちに丁寧な対応をしていくきっかけにもなっているんですよ」と言う。

また鳥取市の六か月児健診の受診率は約九八%と高いが、それは裏を返せば二%の対象者が未受診者ということでもある。つまり毎年三十から四十組前後の対象者が健診に来ていないということだ。未受診の理由としては、仕事で都合がつかなかったり、風邪をひいたりという場合もあるが、中には悩みや不安を抱えているために家に引きこもってしまっていたり、経済的に苦しかったり、虐待傾向があるなど、支援を必要とする家庭が含まれていることも多い。そこで鳥取市では、そうした親子にこそブックスタートのメッセージとパックを届けたいと考え、健診に来ない全家庭を保健師が訪問するという取り組みを始めた。最初は「何をしに来たのか」と壁を作られてしまいがちなところを、ブックスタート・パックを手にして「こういうものをお持ちしたんです」と語りかけることで、ちょっと話を聞いてみようかというきっかけになることも少なくない。そして一緒に絵本を読んでみるうちに、子どもの成長や発育の様子などを自然に確認することもできるようになったという。

市町村合併とブックスタート

鳥取市のブックスタートが軌道に乗りはじめた二〇〇四年頃から、日本全国で「平成の大合併」と呼ばれる大規模な市町村合併が展開された。鳥取市も二〇〇四年十一月に周辺の八町村と合併したことで人口は一気に二十万人規模になり、保健センターから一番遠くの地区まで車で一時間以上かかるような広域都市になった。合併した市町村の中でも一番大きな鳥取市が充実したブックスタートに取り組んでいたので、合併後もブックスタートは全市で行われることにはなったが、乳幼児健診自体が地区ブロックごとになったため会場が増え、関わる職員やボランティアの人数も多くなった。「合併の前にブックスタートを実施していた市町村もあれば、まったく取り組んでいなかった地域もあったんです。そういった中で改めて関係者全員がブックスタートで伝えたいメッセージをきちんと理解して、同じ思いで活動をしていく体制を整えるのは大変でした」と窪田さんはふりかえる。

ブックスタートを実施している全国の自治体の中には合併を経験したところも多いが、合併という出来事は、ある意味では一から活動のスタートを切るほど大変なことだったと関係者は語る。合併当初はどうしても以前の地域単位での発想から抜けきれず、お互いの信頼関係を築くのが難しいこともある。それに加えて行政機関がそれぞれに大きくなり、連携がさらに難しさを増してしまうことも多い。中には、小規模な自治体で丁寧に作り上げてきたブックスタートを、合併でやむを得ず効率的な方法に変更しなければならないところもあった。

ＮＰＯブックスタートでは鳥取市からの依頼を受け、十一月の合併に先立って関係者全員が参加するワークショップを開いた。各地区で行ってきた活動や積み重ねてきた経験を紹介しあい、これまでやってきて良かったことや合併に際して不安に思っていること等をほかの地区の参加者と話し合い、関係者が新しい鳥取市の赤ちゃんへの思いを共有しながら一緒に考える機会を持ったのだ。そこでは、自治体の規模が大きくなっても、赤ちゃんを持つ保護者の行動範囲は変わらないはずなので、それぞれの地区でのフォローアップ活動もさらに充実させていこうといった意見が出たりした。市町村合併に際しては、合併したからといって変わることのない人々の生活に視点の軸を置き、より多くの赤ちゃんが対象になる喜びを共有しながら、新たなブックスタートを立ち上げていくことが大切になるのだろう。

思いの通じる人を一人ずつ増やしていく

大規模な市町村合併を経て、その後、保健センターと図書館両方の担当者の人事異動を経験した鳥取市の関係者は、今後のブックスタートの継続においては、思いの通じる、熱意ある人を一人ずつ増やしていくことが最も大切なことだと感じている。「これだけ形ができあがって、うまく事業が回りはじめると、今度は新しい人たちにこの気持ちをどう受け継いでもらえるかがとても重要になってくるんです」と窪田さんは言う。松本さんも「知識として大事なことは伝えられても、実感として得る部分はその人がその場に行かないと伝わらないもの。人は知識ではなくて、本当に強く感じるものがあってはじめて動くんですよね。それを感じてもらえる場を作って伝える……、理解者、支持者を増やすには、その仕組みを作っていくことが大事なんでしょうね」と話す。新しく関わる人や担当を引き継いだ人が「なぜこんなに面倒な方法でやっているのか。もっと効率的な方法があるのではないか」という発想になる前に、ブックスタートが効率という尺度だけで測ることができない、心を大切にする事業だということを実感してもらうことが大切だというのだ。松本さんは「トップはいつか必ず変わる時が来るから、市長だとか力のあるだれか一人に頼っているだけでもいけない。ブックスタートを本当に必要だと実感している人を行政の中にも市民の中にも一人ずつ増やしていくことが大切なんです」と続けた。

「一人ひとりが大事なんだよ」

ボランティアの奥村さんは、ブックスタートは行政の職員にとっては仕事であるし、自分たちにとってはボランティア活動のひとつでしかないけれど、そういったことを越えた、関わる人たちに共通したあたたかい気持ちのようなものが、ブックスタートを通して地域全体に広がっていくようなイメージを持っているという。「先日も、お父さんには少し日本語が通じるけれど、お母さんには通じないという外国出身の親子が会場に来ていたんですね。親子三組のグループで一緒に本を読んだり、手遊びをすると、言葉は通じていないかもしれないけれど、赤ちゃんはニコニコとしっかりこちらを見て応えてくれる。その様子を見てお父さんもお母さんもすごく喜んでいて……。お互いに言葉が通じなくても、心が通じ合ったような気がした素敵な時間だったんです。そういう時に私は、ブックスタートを通じて、『みんな同じなんだよ、一人ひとりが大事なんだよ』っていうメッセージを送ることができる大人がいっぱい増えていけばいいと思うんです。赤ちゃんの笑顔から優しさをもらった人が、それを『地域のお母さんたち、大丈夫だよ。子どもたち、おいで、かわいいね』っていう気持ちで寄り添いながら、幸せを親子に返していく。そういうことをする人を増やしていくっていうのが、ブックスタートが一番目指していることなのではないかと思うんです。」最初は「まずは自分の身近にいる子どもたちから……」と言っていた奥村さんが、ブックスタートを通して様々な親子に出会ううちに、自然と〝すべての〟赤ちゃんと保護者に対して、あたたかいまなざしを向けるようになった気持ちが伝わってくる。奥村さんと一緒に取り組んできた松本さんも「すべての発信源は赤ちゃんの笑顔なんですよ」と言う。「赤ちゃんはじっと見つめてくれる。ちゃんと発信してるんだから、それにしっかり応えてあげないといけないと思います。」

奥村さんと松本さんをはじめとする鳥取市の関係者のそのあたたかいまなざしは、ほかの地域でブックスタートに関わる人が親子に向けるまなざしにもつながっている。杉並区でブックスタートに関わっている図書館職員は「これまでは図書館に赤ちゃんが来ても、〝赤ちゃんだ〟と思っただけだったけれど、ブックスタートに関わるようになってからは、もうブックスタート受けたかな、私がパックを手渡した子かなと思って、思わずカウンターを出て話しかけてしまうんです」と話した。福岡県のボランティアは「ブックスタートをしてから、近所のスーパーで赤ちゃんを見かけると『何か月ですか？　かわいいねえ、ブックスタートはもう受けた？』ってどうしても声をかけてしまうんですよね」と語った。そしてブックスタートを受けた保護者からNPOブックスタート宛に送られてきた手紙には「少し前までは私の娘だけが良い子に育ってくれればと考えていましたが、ブックスタートを知った今では、すべての子どもが幸せに明るく、と願います」と書かれていた。

すべての赤ちゃんの幸せを願う気持ちと、赤ちゃんを育てる家族へのあたたかいまなざしは、ブックスタートに取り組むそれぞれの地域からじわじわと日本の各地に広がっているのではないだろうか。その源のひとつは確実に鳥取市にあり、それはこれからも活動に携わる人たちによって「ゆっくり・ゆったり・にっこりと」穏やかに生み出されていくのだろう。

●岡山県西粟倉村●

一人ひとりの子どもの成長を見守る喜び

山の中の小さな村

西粟倉村《にしあわくらそん》は岡山県の北東の県境にあり、北側が鳥取県、東側が兵庫県に接する、中国山地の南側に開かれた緑深い山里だ。村の面積の九五％が山林で、残りの五％に川と田畑と住宅地がある。人口は約千六百人、年間に生まれる赤ちゃんは十人に満たない年もあり、二〇〇八年度の人口に対する高齢者の割合は三三・四％と高い。村内には幼稚園、小学校、中学校がそれぞれ一つずつあるが、高等学校はないため、子どもたちの半数以上は中学を卒業すると下宿や寮に入るために村を出るという。西粟倉村は、現代日本の過疎の村だ。

そんな西粟倉村から初めて問い合わせの電話がかかってきたのは、二〇〇〇年十二月のことだった。朝日新聞に載った小さな囲み記事でブックスタートを知り、すぐに予算をつけたので、二〇〇一年度からの実施に向け

〈岡山県西粟倉村 基本データ〉

人口（2009 年 3 月末現在）	1,603 人
年間出生数（2008 年度）	6 人（2008 年度は特別少なく、2007 年度は 14 人）
ブックスタート開始年月	2001 年 5 月
実施機会	乳幼児健診
連携機関（◎印は事務局）	◎教育委員会／保健福祉課／ボランティア

て詳しい情報が欲しいということだった。当時、教育委員会の職員としてブックスタートを立ち上げた白旗《しらはた》佳三《けいぞう》さんは、「年末の予算編成の時期でした。西粟倉村の公民館には『子ども図書館』と呼ばれる、比較的児童書が充実した図書室があるんですが、村内の出生率が下がるのと呼応するかのように図書室の利用も減ってきて、次の予算編成時にはその存続価値が問われかねないような状況でした。そんな時に、英国でブックスタートの実施によって乳幼児連れの親子の図書館利用率が飛躍的に伸びたという記事を読んだんです。最初は活動の趣旨もあまりよく分からないまま、気軽に予算に組み入れたんですよ」と笑ってふりかえる。ほかの地域ではブックスタート実施の最初のハードルともなる予算化も、西粟倉村では簡単に進んだ。「うちの村は、〇歳、一歳半、二歳、三歳の子どもたちが同じ日に同じ会場で健診を受けるんです。ですから会場内でパックを受け取る子と受け取らない子が出ることの混乱を避けるために、最初から四つの年齢の対象者全員分を予算化しました。」つまり西粟倉村では、ブックスタートとして〇歳児を対象としたパックが手渡された後、さらにブッ

山に囲まれた村(写真提供：西粟倉村)

クスタートのフォローアップとしてその後の三回の健診のたびに絵本のセットが贈られる。「それでも予算は全部で十万円。新聞の切り抜きを持って、課長に『こんなんしようと思うのじゃ』と言ったら『ええで』って。それでほぼ決まりでした。」

こうして西粟倉村では二〇〇一年五月に行われる最初の健診に向けて、教育委員会、健診の担当である保健福祉課、地域で読みきかせ活動をしていた「おはなしの会ぴっぴ」のボランティアによる実行委員会を作って勉強会を始めた。近隣から講師を呼んで絵本について勉強したり、当時のブックスタート支援センター（現NPOブックスタート）から、英国や杉並区での試験実施について直接詳しい話を聞いたりした。そうした勉強会は関係者全員が畳の会議室に集まり、持ち寄ったお菓子を食べながら話し合うような和気あいあいとしたものだったが、そんな小さな村ならではのあたたかさや人のつながりが、西粟倉村の子育ての環境からは希薄になってきている現実があるということだった。

昔の子育てと今の子育て

ボランティアのひとりである青木真澄さんが子育てをしていた二十年ほど前は、子どもの数も一学年に三十人と多かった。保護者による乳幼児クラブのようなものもできていて、観光バスを貸し切りにしてみんなで遠足に行くなど、活発な活動をしていた。しかし年々高齢化と過疎化が進み、それと同時に出生数はここ十年間のうちに一気に三分の一になってしまったという。子どもの数が減ったことで、保護者が子どもを通じて地域と関わりを持つような機会もおのずと減っていった。

青木さんは「以前は、ほとんどの家で、子どもが生まれて幼稚園に入るまでは家のだれかが見ていたんです。その頃は親と同居している人が多かったので、おばあちゃんかお母さんのどちらかが家にいて、子どもをどこかに預けるという感覚はほとんどなかったんですね。子どもも多くて、家の近所にも同じように子育てをしている人たちがいたから、遊ぶために行き来したり、子どもを預かりっこしたり。近所の家との行ったり来たりがずいぶんあったんですよね」と話す。それが結婚年齢が高くなったことで、子どもが生まれる頃には親の年齢も上がり孫の世話ができなくなっていたり、核家族化が進んだりしたことで、家族で協力して子どもの面倒を見る家庭が減ってきたという。共働き家庭も多くなり、中には保育所のある隣町に住民票を移して子どもを預けるような人も出てきた。そこで西粟倉村にも託児所ができ、現在では朝七時から夜七時まで子どもを預けることができるようになった。就園前の子どもの多くが託児所に行くようになり、それに伴って子育て中の母親同士のつながりが驚くほどなくなってしまったのだった。

以前は東京に住んでいて、ブックスタートが始まる前年に西粟倉村に引っ越してきたというボランティアの白岩《しらいわ》怡代子《いよこ》さんも、そのことには驚いたという。「実際には都会よりもこちらの環境の方がもっと厳しいんだなっていうことを感じました。都会に比べて子どもが少ないから農家の庭先でも子どもが遊んでいるなんていうことはないし、家もポツンポツンとしかないから、親同士が知り合ったり、子ども同士で遊んだりするのも大変なんですよね。」子育てを取り巻くこうした状況があったため、西粟倉村のブックスタートは「人のつながり、地域のつながりをつくりなおす」ということが自然と大きなテーマになっていった。

みんなが子育てを見守っている縮図

実はブックスタート以前の四年齢合同健診は、対象者が五十組近くになるため、待ち時間がとても長く、決して評判が良いものではなかった。受付を済ませるだけでも大変で、健診の間だけ仕事を抜けてきている保護者の中には「いったい、いつまでかかるんですか」と怒る人も少なくなかった。担当の職員や保健師も、健診の実施自体に手一杯でなかなか全体の様子に気を配ることができず、頭を下げていないとその場にいられないような雰囲気があったという。保健師としても、このままではいけない、健診は病気を見つけるだけが目的ではないはずだと感じてはいたものの、その代わりにどんな場を作ったらよいのかという答えは見つかっていなかった。だからブックスタートの話が教育委員会から来た時にも、「あの状況でそんなことをして大丈夫だろうか」と半信半疑だったという。

しかしブックスタートを開始したことで、西粟倉村の健診の様子は大きく変わった。一番の変化は健診の主催者側の人数が増えたことによって、全体に余裕が生まれたことだった。「私たち、実際には本を読むだけじゃなくて、何でもするんです」とボランティアの白岩さんは笑う。健診会場では、まず受付でボランティアが赤ちゃんを抱っこしているのが目に入る。受付で保護者が書類を出す時に子どもを抱っこしたままでは大変なので、自然とボランティアが子守りをするようになったのだ。「四年齢合同の健診なので、子どもを何人も連れてくる人も多いんです。そうするとお母さんから離れられないようなちょっと大きい子はどうにもできないけれど、赤ちゃんだったら大丈夫なので、じゃあ、赤ちゃんを預かりましょうって」と青木さんは説明する。

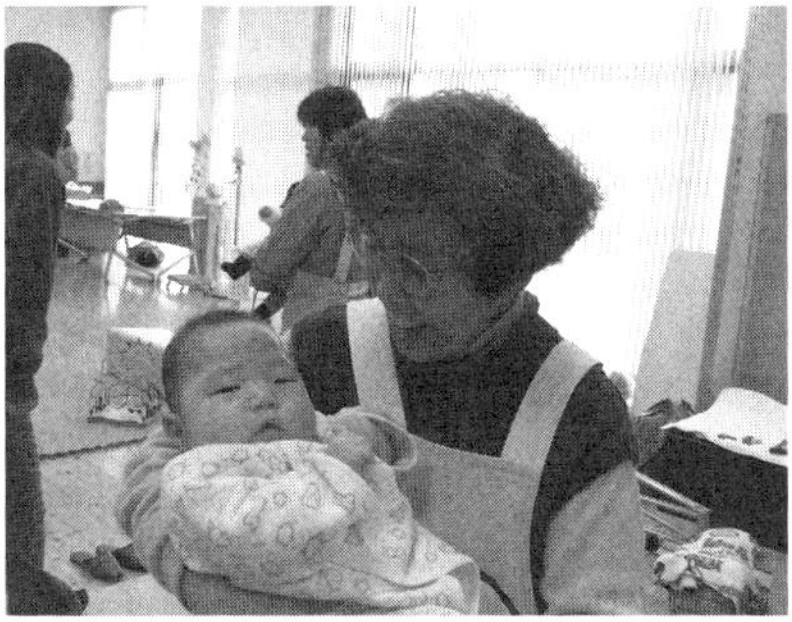

子守りも大切な役割

健診が初めての保護者は次にどこへ行ったらよいか分からないことも多いが、そういう時にもボランティアがさりげなく案内したり、赤ちゃんをあやしながら一緒に移動したりもする。「計測した後にすぐに服を着せようとしたら、『次にもう一回お医者さんに見てもらうけん、上に羽織らせるだけにしといたらいいよー』って言ったりね。」時には計測自体を手伝うこともあるそうだ。

以前は保健福祉課で健診を担当していて、その後、教育委員会に異動した粟屋《あわや》聡さんも「保健師は健診の業務をこなして対応するだけでも手一杯なんですよね。周囲にあまり気を配っていると余計に時間がかかってしまうし。そこをブックスタートのボランティアや教育委員会の職員でカバーできればいいんじゃないかって思っているんです」と言う。それまでは待ち時間が長いことへの対策として、どうにか時間を短くすることばかり考えていたが、ブックスタートを実施してからは、待ち時間のあり方を変えることも解決方法のひとつだったことに気づいたという。

もちろんボランティアは健診の手伝いをするだけではなく、それぞれの保護者の待ち時間にブックスタートの説明をし、パックを手渡す役割も果たしている。それまでにいろいろと話をして、すでに親しくなっていることも多いので、赤ちゃんをあやしながらその延長で絵本をひらき、ブックスタートの話も自然と聞いてもらえる。健診についてきたお兄ちゃんやお姉ちゃんも一緒になって楽しんでいる様子は、まるでどこかの家庭の居間でのひとこまのようでもある。保護者から寄せられた声の中には「まだ三か月だけど、もらった絵本を持って隣に寝ころぶだけで機嫌がいい。五歳のお兄ちゃんも加わって、三人が川の字になって絵本をひらくのが楽しいです」という感想があり、ブックスタートの場面がそのまま家庭で再現されている様子も見えてきた。

ボランティアの白岩さんは、特におじいさん、おばあさんから感謝されたことをよく覚えていると言う。「自分たちが子どもの頃には、村からこんなことをしてもらっていないわけですよね。だから、ええことしてくれたなーって。近所のおばあちゃんからも『こんなものもらってきて、読んでやって、ようけ子どもが喜んだ』ってお礼を言われたんですよ。」保護者の感想の中にも「母親が絵本を読めない時は、子どもがおばあちゃんに読みきかせをねだっています。おばあちゃんも孫の要求に応えていて、孫との信頼関係が強くなったみたい」というものもあった。

また、ブックスタートを開始してから初めて分かったのは、保護者の中には地元で生まれ育った人もいるが、思っていた以上に村外から来ている人が多いということだ。「ブックスタートが終わってもまだ話し足りないという雰囲気があったので、『もし時間があったら少し残ってお話ししませんか』と言って、何人かでおしゃべりをする時間を作ったんです。最初に自己紹介をしてもらったら、近隣の町村以外にも岡山市や大阪の方から来ている人もいて。お互いにほとんど知らなかったんですね。その時に『友達がおらんかったけれども、こういうところで話ができて良かった』って言われたんです」と白籏さんはふりかえる。「しまいには健診が終わっても、子どもが『まだ帰らん』って言っ

家庭でのひとこまのような時間

たりして。以前の健診に比べると本当に雰囲気が変わったんですよ」と青木さんは言う。「ブックスタートで、地域の人も行政もみんなで子育てをサポートしているっていうのがその場でありありと見えるから、お母さんも安心できるんです。みんなでそれぞれの立場から子育てを見守っているっていう縮図みたいな場ですよね。絵本でなければいけないっていうわけではないけれど、こういうあたたかい場は、絵本だからできたのかなとも思います」と白簱さんは言う。

一人ひとりの写真アルバム

西粟倉村でも鳥取市と同じように、ブックスタートの実施を重ねるたびに関係者で意見を出し合って工夫を重ねてきたという。「小さい村なので、みんな名前は分かっているだろうと思っていたんですが、中には嫁いできている人もいて分からないこともあるんですね。それで、スタッフの名札は保育士さんに布で手作りしてもらい、健診に来た保護者と子どもには、シールの名札を貼ってもらうことにしたんです。そうすることで、みんなが名前で呼び合えるようになりました」と白簱さんは言う。ボランティアの青木さんも「お乳を飲ませる人がいるから授乳コーナーを作ろうとか、赤ちゃんを寝かせるスペースも必要だねとか、時々お父さんも健診に来るから、今度はお父さん向けの絵本の研修会を開こうかとか……。どんどんアイデアがふくらんできて、みんながいろいろなことを考えるようになったんです。はじめはブックスタートというよく分からない石がポーンと投げ込まれた感じだったんだけど、今はそれがひとつ入ったことで、健診じゃなくて何かほんわかしたイベントみたいになったと思っているんです」と楽しそうに説明してくれた。

こうした工夫の中に、ブックスタートから発展した西粟倉村独自の取り組みがある。それは三歳児健診の際に子ども一人ひとりに贈る写真アルバムだ。西粟倉村の健診会場には、一眼レフカメラを片手に笑顔でひたすら子どもを追いかけている粟屋さんの姿がある。「ちょっと怪しいでしょ。でもブックスタートが始まった頃から、ずっと村の子どもたちの成長を撮りためていたんです」と笑う。二児の母でもある榎原《えばら》まゆきさんは、二〇〇五年に保健福祉課から教育委員会に異動し、ブックスタートの担当となった時に写真を見せてもらい、子ども一人ひとりの三年間を追い続けたその写真を何かに活かせないかと考えた。そして最後の健診となる三歳児健診の際に、一人ひとりの写真を一冊のアルバムにしてプレゼントしてはどうかと思い、善は急げということで、すぐに二〇〇六年度の途中からアルバムを贈りはじめた。「お渡しすると、みんなすごく喜ぶんですよ。おうちでも写

村の子どもたちの成長を追いかける

真は撮っているだろうけど、健診でっていうのはないでしょうしね。お母さんが『いやー、こんなに小さかったんじゃー』って言うので『大きゅうなったなあ』っていう話もできるんです」と青木さん。白岩さんも「私たちはブックスタートで本を手渡すだけではなくて、こうやって一人の子どもの育つ過程をずっと見守るということもやっているんだと思っています。それが私たちの無上の喜びと楽しみと感謝でもあるんですよ」と言う。「これがブックスタートでやってきたことの、保護者に対するメッセージだと思うんですよ、『ようここまで育ててくれたなあ』っていう……。アルバムをお渡しすることになってからは、なおさら一人ももらさずに撮らなくてはと必死なんですけれどね」と粟屋さんも苦笑いしながらうれしそうに話した。

こうして西粟倉村の子育てになくてはならない存在となったブックスタートに、最大の危機が訪れたのが市町村合併の時だった。ほかの小規模な町村と同様に、西粟倉村にも真っ先に周辺町村との合併話が持ち上がった。合併した場合、西粟倉村の人口は新市の三%となり、しかも合併協議を進める周辺町村にブックスタートを実施している所はなかった。「絶対にブックスタートは切られるけん、どうしようって、みんなで心配したんです」と青木さんはふりかえる。実際に合併協議の場で新市全体での実施について提案した白籏さんは「一人当たりの予算を言って、それ掛ける人数分……。『そんなのありえん』ってその場で言われて終わりました」と言う。「うちだったら、子どもが増えて予算が増えたら喜びますよ、絶対文句は出ない。そのためにやっているっていう気持ちがあるからね。でも結局、予算が付かないということは、ブックスタートをモノを配る事業として見ていたということでしょうね。」それからしばらくは、独自の予算をどこかから持ってくる方法や積み立てをしておく方法など、活動を継続するためにあらゆる方法を考えたという。粟屋さんも「みんなして仕事休んで、出てきてやりゃあいいがなとか言ってね」と笑ってふりかえる。しかし、最終的に西粟倉村では合併に関する住民投票が行われ、僅差で合併しないことが決まったのだ。合併しないことによって、村の財政事情は厳しくなったが、ブックスタートは生き残ることができた。

ここで育って良かったと思える経験を

白籏さんが西粟倉村に移り住んで初めての雪の日、外に出てみると子どもが一人も遊んでいなかった。近所の子どもの所に行くと、暖かい部屋の中でコンピュータ・ゲームをしていた。「その子に、そり遊びをしようと誘ってみると、もうやったと言うんです。よく見ると庭の角に三メートルくらい滑った跡があったので『こんなのそり遊びじゃないぞー。もっとすごいの作ってやろうやー』と言って、広い所でジャンプ台を作ってやったら、ゲームそっちのけでとても喜んで遊んだんです。子どもたちが遊ぶ本来の姿がなくなっているということがすごいショックでしたね。」

前述のとおり、西粟倉村には高校がないため、半数以上の子どもたちは中学を卒業すると村を出ることになる。そのことに白籏さんは強い危機感を感じていたと言う。「生まれてから村を出るまでの短い間に、ここで育った楽しい思い出をいっぱい持たせずに出してしまったら、絶対帰って来ないと思うんです。私も田舎育ちで学生の時に東京に行ったんですけど、都会には楽しいことがいっぱいあるし、本物の音楽が聴けるし、きれいな人もいっぱいいるし……。でもやっぱり田舎がいいなと思ったのは、子どもの時の思い出があったからなんですね。ここで生まれて育つからには、ああ、ここに生まれて、ここで育って良かったなあっていうことを、子どもたちにたっぷり経験させておきたいと思ったんです。」

そこでブックスタートとほぼ同時期に、教育委員会主催で「あわくらたんけんクラブ」という事業を立ち上げた。これは小学生が対象の会員制クラブで「西粟倉のすべてで遊ぼう、西粟倉のすべてから学ぼう」をテーマに月に一回探検活動をする。一年生から六年生までの子どもが一緒にテントを張ってキャンプをしたり、子どもたちの知らない山道を登ってみたり、斧で薪を割って自分たちで火をおこすところから焚き火をしたりする。「中学生になってもやめたくなくてまだ参加する子どももいるんですけど、そうなってくると年齢の幅が広くなりすぎて、プログラムを考えるのが大変にもなるんです。でも例えば小学校三年生の同級生がいて、その一人に中学生のお兄ちゃんがいたとするじゃないですか。何もなければ、たまたま遊びに行った時にお兄ちゃんがいたというくらいの印象しか残らない。だけどたんけんクラブの時に面倒をみてくれたお兄ちゃん、中学生がいたっていうのは必ず記憶に残るんですよね。子どもたちを学年で見るんじゃなくて、縦につないで見ていくのも大事じゃないかと思っているんです。それと、たんけんクラブでも地域の大人にボランティアを募っています。ブックスタートと同じように、とにかくいろいろな人に子育ての場面に参加してもらって、地域の関わりを作っていくこともテーマにしているんです」と白簱さんは話す。

村の名人に釣りを習う(写真提供：西粟倉村)

地域を好きになるとは、そこに暮らす人を好きになるということ

「西粟倉は小児科や歯医者がないとか、学校が遠いとか、不便なところに目が行ってしまいがちなんだけど、本当はそれを差し引いても良いところはいっぱいあるんです。自然は身近にあるし、空気はおいしいし、水道水がそのままおいしく飲めて当たり前なんです。お水がおいしければお茶もおいしいいし、ご飯もおいしく炊ける。毎日のことにはなかなか目が行かないんですけど……」とボランティアの青木さんは言

う。今では「今度はどの本がもらえるかな」と健診を楽しみにする保護者も多くなった。西粟倉村では、健診のたびに絵本が一冊ずつもらえることもまた、当たり前になってきているのだ。「ここで生活をしていたらそれが普通で、感謝がなくなってしまうのもしょうがないと思うんです」と白籏さんは言う。「ただ、外に出た時に西粟倉の良いところを思い出す。そして、なんでそうだったんかな、なんでそうできたんかなということを考えた時に、そこにいた人たちの顔が浮かびはしないかなと思うんです。ああ、あの時に関わってくれた人がいたな、あれは当たり前だと思ったけど、やっぱり西粟倉はあったかい所だったなって。だから今の子どもたちが大人になった時が楽しみです。今度はその子たちが、次の世代にどういうことをしてあげられるかを考えるような地域になっているというのが、西粟倉のひとつの目指すところなんです」と続ける。

西粟倉村には見事な原生林も残っているが、植林されている山も多い。白籏さんは、本来であれば秋には紅葉して美しくなるはずの山を、なぜこんなにしてしまったのかと腹が立ったこともあったと語る。「でも何年か暮らしているうちに、この木は実は植えた人たちが自分自身のことを考えて植えたものじゃないってことに気づいたんです。自分の子どもにも渡らないものを、孫やひ孫のためを思って植えているわけです。しかも機械のない時代に、こんな山の上にまでっていうほどの所にも植えている。そのエネルギーっていうのはすごいですよ。合併が住民投票によって僅差で反対となったのも、西粟倉にはたぶん、そんな村の思いを伝えていこうという気質があるからじゃないかという気がするんです。先代の人はこういうことをした、じゃあ今、私らは何ができる？って考えるんです。そしてその思いが続く以上は、年間出生数が十人を下回るとしても、どこかで人は増えるんじゃないかと思っています。」

栗屋さんも「小さな村だから、何かやる時には関わる人全員の頭に同じような将来の村のイメージが浮かんでいると思うんです。そこへ向かっていく過程で、あれ、これじゃいけんなあとか、もっと、こんなことしなきゃいけんな、というのが見えてくる。小さな村だからやりやすい部分は確かにあるけれど、でも小さいからできているとは思いたくない。大きくても、これができればいいんですから」と言う。

西粟倉村で起きていること、人々が考えていることは、遠い昔から人々が子どもたちのためを思ってしてきたこと、考えてきたことの延長線上にある。それは人が命をつないでいく営みそのものなのだろう。そして、過去に生きた人々の思いは、暮らしや地域の景観が大きく変わる中で見出しにくくなってはいるが、実は今でも、どの地域にも脈々と流れているのかもしれない。西粟倉村の取り組みは、ブックスタートが今を生きる人々の横のつながりを作るだけではなく、過去から未来へと続く縦のつながりをも生み出していることを感じさせる。

第四章　活動の深まり

ブックスタートがその土地に根ざし、充実した活動に発展している地域には、必ず「ブックスタートをやりたい」と思っている人たちがいる。それは活動を通して、地域の赤ちゃんと保護者の幸せを考え、自分たちの暮らすまちをどんなまちにしたいのかを真剣に考える人たちだ。彼らは最初に知った活動をただくり返し実施し続けるのではなく、実践の中で課題を発見し、その課題を解決するために新たな取り組みを開始し、活動そのものをさらに発展させている。私たちがブックスタートについての理解を深めることにもつながった数多くの事例の中から、そのいくつかを紹介したい。

すべての赤ちゃんに届けるために

健診等の未受診者へのアプローチ

ブックスタートが「すべての赤ちゃんを対象にしている」という点は、二〇〇〇年以来多くの人々の共感を集めてきた。それはあらゆる環境や状況のもとに生まれる、文字どおり〝すべての〟赤ちゃんにアプローチすることが実はとても難しく、それを実現することへの期待が大きいということでもあるだろう。

ブックスタートを行う健診等の機会に参加しなかった対象者には、鳥取県鳥取市の事例のように家庭訪問を行っている地域も多い。千葉県茂原《もばら》市では、保健センターが作成した健診未受診者のリストを元に、ブックスタートのために図書館に来館することを呼びかけるお知らせを、図書館から対象者に送付する。それでも会うことができない場合には、主任児童委員*が家庭訪問を行っている。そこで実際にあったケースで、担当の委員がたびたび通っても応答がなく、数回目でやっとドアを開けてくれた家庭があった。母親に話を聞いてみると、仕事の関係で茂原市に移り住んできたばかりで、近所に知り合いが一人もいないという。母親は三歳、一歳半、六か月の三人の子どもの子育てに追われ毎日が忙しく、健診に行く余裕がなかったと話した。そこでブックスタート・パックを手渡しながら、地域の子育て支援の事業などについても説明し、最後に「何か私にお手伝いできることがありますか?」と尋ねると、母親は涙を浮かべながら「たくさんあります」と答えたという。〝健診に来ない人にこそブックスタートを届けたい〟という思いから時間をかけてアプローチをしたことで、本当に支援を求める声に出会うことができたと実感したケースだったという。

また愛知県豊明《とよあけ》市でも保健師による家庭訪問を行っているが、赤ちゃんが病気で長期入院をしているような場合でも、保護者を訪問してパックを手渡し、その後の継続的な支援につなげているという。家庭訪問のほかにも、図書館や子育て支援センターなどの施設で未受診者がいつでもパックを受け取れる体制を整えている自治体も多い。

＊厚生労働大臣の委嘱を受け、地域の人々の福祉向上のために活動する民生委員・児童委員のうち、児童福祉に関する事柄を専門的に担当する人。

日本語を母語としない保護者への対応

ブックスタートには、日常生活では日本語以外の言葉を使っている保護者とその赤ちゃんもやってくる。まずはふだんと同じように赤ちゃんの目の前で絵本をひらいてみる。するとたいていの赤ちゃんは保護者が話す言葉とは違う言葉が聞こえてきても、優しい語りかけと絵本の世界に夢中になるという。そしてその赤ちゃんの喜ぶ姿が、赤ちゃんでも絵本を楽しむことができることを自然に保護者に伝えてくれる。それから身振り手振りを使ってブックスタートのメッセージを説明するが、多くの自治体ではパックに入るイラスト・アドバイス集の外国語版が活用されている。

会場入り口のポスターには6つの言語で「こんにちは」
（神奈川県藤沢市）

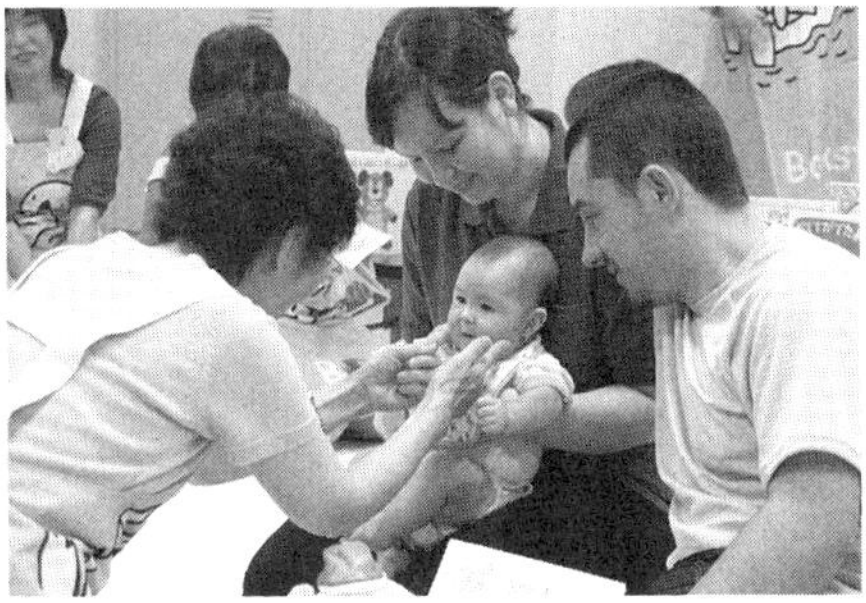

言葉は違っても気持ちは通い合う
（栃木県野木町）

神奈川県藤沢市では、外国語を話す保護者に少しでもリラックスしてブックスタート会場に入ってきてほしいと考え、入り口に六か国語で「こんにちは」にあたる挨拶を書いたポスターを掲示している。愛知県豊田市では特にスペイン語とポルトガル語を話す対象者が多いため、会場に通訳を配置することにし、事業予算の中でその費用を確保している。また愛知県小牧市でもポルトガル語を話す対象者が多いことから、市内の学校職員に講師になってもらい、活動の関係者を対象にした「ポルトガル語講座」を開催した。簡単な挨拶や活動の中で使えそうな「赤ちゃん、元気？」といったフレーズを学び、くり返し練習したという。

障がいのある対象者への対応

対象者の中には障がいのある保護者や赤ちゃんも含まれる。ほとんどの場合は、ほかの親子と同じように対応し、保護者に付き添いがいる場合には、その人を通じて説明してもらうこともある。香川県高松市では、市民からの提案がきっかけで、視覚障がいのある対象者のための特別なパックを用意している。パックには点訳された絵本、イラスト・アドバイス集、図書館案内などが入っていて、絵本には文章の点訳を打ち出したプラスチックシートのほか、絵の部分にも輪郭に合わせてシートが貼られ、指で絵を感じることができるように工夫されている。

乳児院で暮らす赤ちゃん

様々な理由で親と離れ乳児院等で暮らす赤ちゃんが、施設の職員に連れられて健診を受診することもある。そうした場合でももちろんほかの赤ちゃんと同じように、絵本の時間を体験してもらいながらパックを手渡している。赤ちゃんがその後どれくらいの期間を乳児院や児童養護施設等で過ごすのかは、それぞれのケースによって異なるだろう。私たちは、赤ちゃんが受け取った絵本に自分の名前を書いてもらい、その本を見ながら親代わりの人や仲間たちと楽しい時間を過ごし、乳児院を出て暮らすことになった時にもその絵本を「初めてのマイブック」として大切に手にしていてほしいと願っている。

楽しくあたたかい時間と空間を作る

ブックスタートは、ただ絵本を配るだけの活動ではない。赤ちゃんと絵本をひらく時間の楽しさを頭で理解するのではなく、体験を通して実感してもらってこそ「楽しかったからまた家でもやってみよう」と思ってもらえるということは、地域の関係者が実践を通して感じてきたことだ。地域の活動に携わる、ある図書館職員は「例えば千円の予算がかかるパックを、どのような場でどのように手渡すかによって、その価値は一万円にも百円にも変わるように思う」と話す。ブックスタートの場面をリラックスした、楽しい時間と空間にすることで、手渡す絵本を確実にShare books の時間を持つきっかけにしようと、各地で様々なアイデアが生まれている。

ブックスタートを行う際には突然絵本を読み出すのではなく、わらべうたを歌ったり、手遊びや手づくりの人形を使って赤ちゃんをあやし、和やかな雰囲気を作っている自治体が多い。福岡県嘉麻《かま》市では「四か月健診、おめでとうございます」という言葉から始まる。これは、健診に来ている保護者は、赤ちゃんが熱を出せばハラハラし、ぐっすり寝ていても「静か過ぎるのではないだろうか」と不安になったりと、いつでも心配をしてきたはずで、そんな日々を過ごしてやっ

会場の一角に設置された絵本貸し出しコーナー（写真提供：神奈川県大磯町）

保育士による子育て相談も同じ会場で（静岡県御殿場市）

と四か月を無事に迎えることができたことへの「おめでとう」なのだという。ボランティアのこの言葉で、保護者の表情もホッと和らぐという。

神奈川県大磯町《おおいそまち》では、図書館から健診会場に五十冊ほどの絵本を持って行き、自由に手に取れるようにしている。健診の待ち時間を利用して赤ちゃんと一緒に本をひらく親も多く、健診についてきた兄姉が一緒に読んでいることもある。その場で赤ちゃんの図書館利用登録をすることができ、さらに図書館から携帯端末も持参するため、気に入った絵本をその場ですぐに借りていくこともできる。

静岡県御殿場《ごてんば》市の会場には「保育士コーナー」が設けられ、市内の保育園から交代で保育士が出向き、育児や発達に関する相談に応じている。ブックスタートの和やかな雰囲気の中で保護者も気軽に相談ができると好評だ。

手づくりの品で会場にあたたかい雰囲気を作り出している地域も多い。埼玉県川越市のブックスタート会場には、ボランティアが手づくりした布製看板が立て掛けられている。うさぎやくまのマスコットがフェルトで作られ、子どもが取り外して遊べるように、ボタンで取り付けられている。神奈川県藤沢市の会場にはソファが置かれ、その上には手づくりのキルトが掛けられ、リビングルームのようなリラックスした雰囲気を演出している。沖縄県那覇市の関係者の名札もフェルト製の手づくりで、中心を押すとピッピッと音が出るため、赤ちゃんの視線が釘付けになるという。

リビングのような
雰囲気(神奈川県藤沢市)

手づくりの看板が
出迎える(埼玉県川越市)

押すと音の出る名札(沖縄県那覇市)

このほかにも地域の趣味のサークルに協力を依頼し、会場に折り紙の飾りを置いたり、布でできた絵本を展示している地域もある。

また多くの地域では関係者が自信を持って活動に関わることができるよう、活動の開始前だけでなく開始後も、専門家を招いて赤ちゃんの発達や手遊びなどについて学ぶ研修を行ったり、保護者に正確に説明をするために、地域の子育て支援施設の見学を行ったりしている。さらに大切な赤ちゃんを相手にするという意識から「体調が悪い日は参加しない」「直前に手を洗う」「髪が長い場合は束ね、赤ちゃんが触れても支障のない服装を心がける」といった申し合わせをしている地域もある。

フォローアップ活動の広がり

ブックスタートはパックを手渡したらそれで終わりではない。「子どもの成長に合わせて、たくさんの絵本に出会うことができる」「地域に見守られて安心して子育てができる」、ブックスタートの前後にこうした環境づくりを進める様々なフォローアップ活動が、各地で行われている。

北海道岩内町《いわないちょう》では、保健福祉課が行う妊婦対象のプレママ教室(全九日)の三日間を、町内のこども絵本館で行っている。絵本館の職員が、小さな赤ちゃんとでも絵本を楽しむことができることを紹介し、来館している子どもたちに読みきかせをする様子を参加者に見てもらうためだ。またこの本の冒頭で紹介した栃木県野木町《のぎまち》では、ブックスタートの後に行われる八か月児健診でもわらべうたを歌ったり読みきかせを行ない、さらに「絵本についてもっと知りたい」という保護者からの声に応えるために、八か月児健診と三歳児健診の際にも、その月齢に合った絵本リストを手渡している。宮城県川崎町《かわさきまち》には町立図書館がないため、ブックスタートの開始に合わせて町内の保育所と幼稚園にある園文庫での貸し出しを始めた。通園していない子どもでも本を借りることができるようになったため、保護者に喜ばれている。

また図書館等で赤ちゃん向けのおはなし会の開催を始めた地域は多い。北海道美幌町《びほろちょう》ではブックスタートを開始してからボランティアと協力して月に二回、図書館でおはなし会を開催している。絵本の読みきかせだけではなく、手遊びやわらべうた、紙芝居などをまじえてプログラムを構成。くり返しやって来る親子も多く、最近では子育て支援センターを利用する保護者の間の口コミで参加しはじめる

手遊び等を取り入れたおはなし会
(写真提供：北海道美幌町)

親子もいる。滋賀県長浜市には、〇、一、二歳児を対象とした「赤ちゃんおはなし会」を平日だけではなく、日曜日にも開催している図書館があり、日曜日には父親も一緒に参加する家族が多い。長浜市では図書館職員とボランティアが保健センターでのブックスタートに出向いている。そこでおはなし会を紹介したことがきっかけで参加しはじめる親子が多いことから、ブックスタートを担当した職員は、その次に行われる会を担当するようにし、最初の出会いがつながっていくように工夫しているという。

絵本で楽しむ孫育て・読みきかせ学習会
（写真提供：静岡県御殿場市）

岩手県花巻市の図書館では、ブックスタートで手渡したバッグを持って来館する親子には必ず声をかけるようにしている。おじいさん、おばあさんが孫のバッグを持っている場合には、「ブックスタートでお渡ししたバッグなんですよ」と伝え、家族にも活動を知ってもらうきっかけにしているという。

子どもとの絵本の時間に関心を持つ住民が増えたことから、広く一般を対象とした読みきかせ講座などを開催する地域もある。東京都千代田区では社会福祉協議会が「子育てパパの絵本読みきかせ講座」を開催。母親が混じっていると照れくさいのではないかとの意見から、父親限定の講座にしたが、週末は皆で一緒に過ごしたい家族も多いことを考え、講座の後に母親や子どもも参加できるランチタイムを設定。昼食を食べながら父親の読みきかせを楽しむ時間を設けたという。静岡県御殿場市では「絵本で楽しむ孫育て　おじいちゃん・おばあちゃんのための読みきかせ学習会」を開催した。絵本を介して孫と触れあう機会を持ってもらおうと企画し、読みきかせを始めてみたいという祖父母たちに好評だったという。

ブックスタートがきっかけとなって赤ちゃん連れの図書館利用者が増えたことから、児童書コーナーに、パックに入れる「絵本リスト」に掲載した絵本をそろえた「赤ちゃん絵本コーナー」を設ける地域も多い。鳥取県南部町《なんぶちょう》では、その赤ちゃん絵本コーナーと一般書のコーナーが離れていたため、絵本コーナーの近

絵本の近くに育児書を配置（鳥取県南部町）

本や情報を１か所に集めた子育て
支援コーナー（香川県高松市）

くに育児書を移動して配置した。すると、子どもの絵本を選ぶついでに育児書も借りていく保護者が増えたという。香川県高松市ではさらに、育児書だけではなく、市内の子育て支援施設の資料や育児に関する新聞記事、図書館でのおはなし会や保育園のイベント情報などを一か所に集めた「子育て支援コーナー」を設置している。「一度にいろいろな情報を得ることができてとても便利。友達にも紹介したい」と保護者にも好評だ。

ブックスタートをただ活動の実施だけで終わらせず、そこで出会った親子が何を求めているのかを丁寧に探っていく……。そういう人々がいる地域では「ブックスタートから始まる」新しい取り組みが常に生まれ続けている。地域の多様な取り組みの積み重ねが現在のブックスタートを形作っており、これからもこのエネルギーが活動の発展を支えていくに違いない。

ブックスタートの〝かたち〟――大切な五つのポイント

日本各地でこうした充実したブックスタートが展開される一方で、私たちは、条件は整わないが「ブックスタート」という名称を使って事業をしたいという自治体から「こんな実施方法でもブックスタートと呼べるだろうか」といった問い合わせを受けてきた。

予算が付かないのに地方議会議員が「〝ブックスタート〟の実施」を強く要求するので、赤ちゃんに対して健診で読みきかせをしたり、絵本リストを配布するだけの活動を行うのだが、これを「ブックスタート」と呼びたい、また出生数全員分の予算は取れないので、これまで健診で配布してきた石鹸か、絵本のパックのどちらか好きな方を保護者に選んでもらう方法で実施したい、パックの配付は希望者だけを対象にしたい、対象者にパックの半額負担をお願いしたい、健診が忙しく図書館の人員も足りないので、パックを健診のお土産として出口で配布する方法で行いたい……。

そうした問い合わせを受けるたびに私たちは、ブックスタートではなぜ絵本そのものをプレゼントすることに意味があるのか、なぜすべての赤ちゃんに手渡すことが大切なのか、なぜただの配布事業ではだめなのか、といったことをくり返し考えてきた。そして、ブックスタートのかたちにはこれらひとつひとつに意味があり、それを実施する関係者に理解してもらわなければ、いずれは理念の伴わない活動が広がり、形骸化していってしまうと強く感じるようになった。そこで私たちは二〇〇二年に、英国の活動からエッセンスとして引き継いだことと、日本各地の実践の中で学び、理解を深め、確認してきたことをまとめ、活動として目指すべきポイントを明らかにした。

この「ブックスタートの大切な五つのポイント」をまとめる際には、これを、ブックスタートではない活動を排除するためのものではなく、活動の大切な理念への理解を深めるためのものにしたいと考えた。かたちを持った活動は、それが広がるにつれて「本流」「亜流」と呼ばれるような違いが生まれてくることがあり、かたちばかりにとらわれてしまうことがある。ブックスタートは決してそうなってはならないという思いがあり、また逆に活動のかたちをあまりにも厳密にすることによって、関わる人たちの手によって作り上げられるというブックスタートの良さが失われてしまうことも心配した。そうしたバランスを考えながら、私たちは地域での実践に携わっている人たちと、ブックスタートの大切なポイントを確認しあってまとめあげた。そしてNPOブックスタートから情報提供を受けたり、パックを購入している自治体でなくても、このポイントを共有した活動であれば「ブックスタート」という名称を使用できることも、改めて明らかにした。

「ブックスタート」という単語がこのような具体的なかたちを持った特定の活動を指す固有名詞としてではなく、例えば「赤ちゃんと絵本を読むこと」という意味の一般名詞として使用されるようになると、そのあたたかいイメージが宣伝、営利、政治、宗教活動等に利用されたり、その活動自体を「ブックスタート」と呼ぶ人や団体が出てくる可能性もある。また「絵本を手渡さなくても〝ブックスタート〟だ」という理解が広がれば、先の例の地方議会議員のような、この活動のかたちが持つ意味に関心がない人からは、行政内での予算化を反対されることもあるだろ

ブックスタートの大切な５つのポイント

目的	赤ちゃんと保護者が，絵本を介して ゆっくり心ふれあうひとときを持つきっかけをつくります ＊赤ちゃんに負担をかけたり，保護者にプレッシャーを与えたりするような，早期教育の活動ではありません．
対象	地域に生まれたすべての赤ちゃんと保護者が対象です
機会	地域に生まれたすべての赤ちゃんと出会える 保健センターの０歳児健診などで行われます
方法	絵本をひらく楽しい体験といっしょに あたたかなメッセージを伝え，絵本を手渡します ＊「赤ちゃん，すくすく幸せに育ってね」「地域みんなで子育てを応援していますよ」などのメッセージを，顔を見合わせて丁寧に伝えます．
体制	市区町村単位の活動として，地域で連携して実施されます 特定の個人や団体の宣伝・営利・政治活動が目的ではありません

う。

ＮＰＯブックスタートは、それによって各地の活動が誤解されたり、支持を失ったり、事業の継続が不安定になるといったことがないよう、活動を守る責任があると考え、ロゴマークと「ブックスタート」「ブックスタートプラス」の名称を商標登録している。

私たちはこれからもこの大切なポイントへの理解を、時間をかけて広げていきたいと考えている。

第五章　ブックスタートのこれから

社会的な追い風

各地での活動の充実とともに、ブックスタートはこの九年間で急速な広がりを見せた。そしてその広がりの背景には、追い風となるいくつかの社会的な動きがあった。

そのひとつは、二〇〇〇年前後から「赤ちゃん」という存在に対する関心が高まったことだ。脳科学の分野からの赤ちゃん研究が進み、赤ちゃんは生まれた時からすでに自ら周囲に働きかける様々な能力を持っているということが分かってきた。新聞や雑誌では赤ちゃんの能力に関する特集が組まれ、その研究成果が分かりやすいかたちで多くの人の目に触れるようになった。二〇〇一年には、赤ちゃんを総合的にとらえ、医療、工学、心理学、社会学など多面的な視点から赤ちゃんについて研究することを目的とした「日本赤ちゃん学会」も設立されている。

二〇〇一年十二月には「子どもの読書活動の推進に関する法律」が施行された。それに伴い、都道府県や市区町村自治体が子どもの読書推進に関する計画を策定することになった。法律施行の翌年に国が作成した「子どもの読書活動の推進に関する基本的な計画」の中で、事業案のひとつとしてブックスタートが紹介され、それによって多くの行政関係者がブックスタートを知り、取り組みを検討することになった。また市区町村の関係者からは、国や都道府県がブックスタートを正式に取りあげたことで、活動への理解が得られやすくなったという声も聞かれた。二〇〇九年三月時点で、全国の約半数の都道府県と多くの市区町村の読書推進計画にブックスタートの実施やその支援が位置づけられている。

二〇〇一年には厚生労働省が「健やか親子21」という母子保健行政の十年計画を立て、その柱のひとつに「子どもの心の安らかな発達の促進と育児不安の軽減」が挙げられた。その計画達成のために「乳幼児健診の満足度向上」を目標とする自治体が増え、「健診を子育て支援の場に」という流れが生まれた。二〇〇一年度に開始された全国保健センター連合会の「絵本と出会う・親子ふれあい事業」[*1]は、保健センターに絵本コーナーなどを設置するための費用を助成し、母子保健事業の中での読みきかせ活動や手遊び歌などを紹介する取り組みを支援しようというものだった。[*2]こうした事業が広がったことで、保健行政の側からも子育て支援の新たな取り組みへの模索が始まり、絵本を活用したブックスタートのような活動にも関心が集まるようになった。

二〇〇〇年一月にまとめられた「二十一世紀日本の構想」懇談会による報告書『日本のフロンティアは日本の中にある ― 自立と協治で築く新世紀 ―』[*3]によると、二十一世紀の日本社会においては、それまでのように公益や公共性の実現を「官」だけにまかせるのではなく、「民」も自由な参加でそれに協力し、「公」を支えていくべき時代になったとしている。そして「伝統的な『官』と『民』の棲み分け構造から脱却し、『民』が『公』を担い得るものとして明確に位置づけるとともに、『公』を担うことを誇りとする土壌を作り出すことが必要である」と述べている。

この頃から「協働」という言葉は、行政の事業企画のキーワードになったが、「協働のまちづくり」などというスローガンだけが叫ばれて、本当に市民と行政が協働できるような取り組みは少なかったという。そんな中で「地域の赤ちゃんの幸せ」という明確な目的を共有した人々が連携し、定期的に具体的な活動を実施するブックスタートは、協働の好事例として受け入れられ、評価されるようになった。

さらに自治体の立場からすれば、ブックスタートは住民に対して「子どもと子育て家庭を大切にする」という姿勢が示しやすい事業でもあったのではないだろうか。未来への具体的な投資として納税者にも理解されやすい事業を実施することに、価値を見出した自治体も多かったのかもしれない。

＊1 市町村保健センター等の普及と発展を図り、地域住民の健康の保持増進に寄与することを目的に設立された。市町村相互のネットワーク化を進めるために、情報提供や各種支援事業を行っている。

＊2 その後、厚生労働省の「児童ふれあい交流促進事業」の中の「絵本読み聞かせ事業」として引き継がれた。

＊3 小渕恵三首相（当時）の委嘱による「二十一世紀日本の構想」懇談会（座長 河合隼雄）の十か月に及ぶ集中的な論議の結果まとめられた報告書。二十一世紀に向かう日本の課題と方策を中長期の観点から整理し、広く国民の論議に供することを意図したもの。

活動への向かい風と事業の継続

一方で活動への向かい風となる動きもあった。そのひとつが地方自治体の財政難だ。二〇〇一年から始まった政府の構造改革の一環として地方交付税の削減が進められてきたことで、地方自治体の財政は逼迫《ひっぱく》した。中には新規事業はしばらく行わないと決める自治体や、「住民にモノを配る事業はすべて中止する」「すべての事業の予算を一律割合カットする」という方針を打ち出す自治体もあった。それによってブックスタートもほかのモノを配る事業と同様にみなされ、事業予算が削られ、活動の継続自体が困難になるといったケースも出てきた。ブックスタート・パック購入のための平均予算は減少傾向にあり、これまでに財政難を理由にブックスタートを中止した地域の数は十近くある。

また二〇〇三年から二〇〇五年にかけてピークを迎えた市町村合併は、ブックスタートにも大きな影響を与えた。二〇〇一年度末に三二四六あった市区町村は、二〇〇八年度末には一八〇〇になった。すでに実施している自治体が実施していない近隣市町村と合併したことで、活動が広がったケースが多かったものの、一方では合併によって活動を中止せざるを得なくなった地域もあった。先の西粟倉村の事例で紹介したように、すでに実施している自治体が、活動を実施していない、より規模の大きな自治体に編入合併する場合は特に厳しい状況だった。どんなにその地域の活動が充実していたとしても「それは小規模自治体で予算も少なくてすむからできていたこと」と理解されてしまうことが多いからだ。合併を理由に継続ができなくなった地域の数は全国で五十近くになる。

すべての自治体での実施に向けて

二〇〇〇年からの数年間、私たちは新規に活動を開始する自治体からの問い合わせに応え、ワークショップなどを行って立ち上げ支援を行うことに、ほとんどのエネルギーを注いできた。しかし二〇〇四年頃になると、実施自治体の中の継続自治体の割合は、新しく活動を開始する自治体の割合よりも多くなった。そうした中で、ワーキンググループの中心となっていた行政職員が異動し、その地域の活動の推進力が一時的に弱まったり、ボランティアに新しく若いメンバーが加わらないことに将来的な不安を感じるといった声が聞かれるようになり、ＮＰＯブックスタートの支援事業には、活動の充実や継続に関する情報提供も求められるようになった。そこで私たちは、将来の次のステップに向けて、どのような目標を持って推進活動を行っていくべきかを考えた。

二〇〇八年の一年間、日本には一〇九万一一五六人の赤ちゃんが生まれている。ブックスタートの最終的な目標のひとつは、この赤ちゃん全員にShare booksの時間を届けるために、日本のすべての市区町村でブックスタートが行われることだ。しかしそのために単に実施自治体数を増やしていくことだけを目指しても、事業の充実度が伴わなかったり、年月を経るごとに事業を中止する自治体が増えてしまえば、意味がない。

そこで最終的な目標である「すべての自治体での実施」を、どのような方法で実現していくべきなのかを私たちは考えた。継続できなくなった自治体の中止に至った経緯を調べてみると、事業中止への圧力が生じた際に、現場の関係者が一致して活動を継続したいという強い思いを持っていない限り、いくら熱心な担当者が一人で継続を訴えたとしても限界があることが分かった。また事業の継続のためには、納税者でもある市民の声が最終的には一番の力になると、多くの自治体関係者が実感していた。そこで私たちはブックスタートを推進していくために、二つの柱となる考え方を立てた。

ワーキンググループの自律

まず一つ目の柱として、私たちは「自律したワーキンググループによって運営されるブックスタート」を増やしていくことを目指した。それぞれの実施地域のワーキンググループが十分機能し、充実した活動を継続させるための仕組みが作られることが重要だと考えたのだ。ワーキンググループ内がうまく連携していれば、もっと良い活動にしたいという思いが共有され、課題が生じた際にも新しい変化を学びながら、

ブックスタート研修会

その連携の中で解決のための工夫やアイデアが生まれてくる。また事業の継続のためには、複数の異なる部署から高い評価を受けていることが強みになる。例えば熱心に取り組んでいる図書館だけが活動を評価するのではなく、母子保健や子育て支援の側面からも様々な良い影響が報告されれば、簡単に事業を中止することはできなくなるだろう。

二〇〇五年度から全国各地の都道府県で実施している「ブックスタート研修会」は、各地のワーキンググループの運営の自律と、その活動の充実を支援することを目的とした研修会である。

「ブックスタートには連携が重要」と言うのは簡単だが、中にはほかの機関からの理解が得られずに、事務局担当者が一人で悩んでしまうケースもある。

この研修会ではNPOブックスタートが、活動の理念や実施に際しての大切なポイントを説明し、ワーキンググループをうまく運営するための考え方などを、各地の事例とともに紹介している。また参加した自治体関係者やボランティアが近隣の関係者と交流し、互いの悩みや課題を話し合う時間も設けられている。

参加者からは「ふだん、事務的に業務をこなしている感があったが、改めて活動をふりかえり、いろいろと発見できた」「図書館だけでなく、保健や子育て支援など、ほかの分野の人から話が聞けて参考になった」「近隣地域にブックスタートを実施する仲間ができたことで、これからもがんばっていこうというエネルギーがわいた」といった感想が寄せられている。

共感と支持の輪を広げる ― 保護者の声と活動への評価

ブックスタートの予算を確保しようとする際には、同時に活動の効果を示すことを求められることも多い。しかしブックスタートは、目に見える分かりやすい効果を調査等ではっきり示すことが難しい活動だ。赤ちゃんが育つ環境には様々な影響があり、〝ブックスタートによって〟赤ちゃんが幸せに成長した、育児ストレスが軽減された、親子の絆が深まったということを証明することはできない。また実施自治体では、活動の開始と同時に地域の中で様々な読書推進や子育て支援に取り組むことも多く、何か効果が現われたとしても、それが〝ブックスタートだけによって〟もたらされた効果だと言い切れない場合も少なくない。そもそも、絵本を一緒に楽しむことや、そこで生まれる幸せな時間にどのような意味があるのかを説明すること自体が難しいということもある。

そこで私たちは二つ目の柱として、地域の活動に共感し、その継続を支持する人の輪を広げることを目指した。ほとんどのブックスタートは市区町村自治体の税金を使って行われている。活動が赤ちゃんの育つ環境や自分たちの暮らす地域にどのような変化をもたらしているのかを知り、その理念に共感し、「自分たちの税金をこういう事業にこそ使ってほしい」ということを、声に出して言ってくれるような支持者を増やすことが、地域の活動を継続していく最も大きな力になると考えたからだ。愛知県でブックスタートに協力しているあるボランティアは「これまで税金は払うものという認識だったが、活動に関わったことで、税金は住民が住民のために使うことができるものなのだと気づきました。税金を、地域の未来を担う赤ちゃんのために、自分たちの意思で〝使うことができる〟という認識を多くの人が持つようになれば、私たちのまちは変わっていくのではないかと思います」と話している。

活動の一番身近な支持者になってくれる可能性が高いのは、実際にブックスタートを受けた保護者だろう。アンケートなどを通して保護者から寄せられた声からは、ブックスタートが肯定的に受け止められ、活動のメッセージがしっかりと伝わっていることが感じられる。

- ブックスタート以前は本にそれほど興味があったわけではないのですが、今は「こんな絵本が欲しいなあ」と思うようになりました。
- 家にはすでに絵本が数冊ありましたが、ブックスタートでいただいた本はすごく気に入ったようで、読むと声を出して笑い、とても喜びます。ほかの絵本とは明らかに違うので、毎日何度も読んでいます。今回いただかなかったら出会えなかった絵本だと思い、感謝しています。
- 絵本を買いに出かけたいと思いながら、なかなか買いに行ったり、じっくり選んだりできなかったので、とてもありがたい企画です。
- ついついテレビやビデオを見せがちだったけれど、ひざの上に乗せて絵本を読んで、体温をゆっくり感じることができるようになりました。
- 絵本を「読む」ことだけでなく、そのあたたかいひとときを大切にしたいと思いました。子どもがあまり集中して聞いていないのでイライラして読むこともあったけれど、少しずつ慣れていけばいいかなと思うようになりました。

・県外から来た私は図書館があることも知らなかったので、地域の資料がとても役立ちました。絵本もブックスタートでもらうまではあまり興味がなかったのですが、今はこれをきっかけに、自分が子どもの頃に読んでいた絵本などを懐かしく思い出しながら読んであげています。

・優しく読みきかせをしてもらい、うれしかったです。

・周囲の方々に子育てを応援していただけていることを何よりも心強く思い、子育てもがんばっていけるように思います。

・もらった本は、子どもがお嫁に行く時まで大切にとっておきたいと思います。

・私には三人の子どもがいます。上の二人の子は六か月くらいから毎日本を読んであげる時間がありましたが、三人目になると毎日の生活に追われてなかなか読んであげる時間がありません。でもこれを機会に少しでも時間を作って読んであげたいと思うようになりました。

・何か自分にプレゼントされたようでうれしかったです。結婚して子どもを産んで、生活が全部子ども中心になってプレゼントなんてあまりなかったので、二人でもらえた感じでした。多くのお母さんが孤独だと思うので、これを機会に図書館などに行って、いろいろな人と接したいです。

広報誌での特集（静岡県河津町），（右）実施前（左）実施後

また実際にブックスタートを受けた保護者以外の住民にも、広くブックスタートを知ってもらおうという取り組みも、各地で始まっている。静岡県河津町《かわづちょう》では、まず事業の立ち上げにあわせて町の広報誌で特集を組んで活動を紹介し、開始して一年が経過したところで、今度は対象となった保護者の声や、図書館の児童書貸し出し数が伸びている推移状況、フォローアップとしての読みきかせ活動が充実している様子などを写真付きで紹介した。千葉県柏市では二〇〇八年十二月に、二〇〇二年の事業開始から数えて、対象者が累計で二万組になったことを祝ってイベントを開催した。その様子は、小さなくす玉を割る主役の親子の写真とともに新聞記事になり、多く

の人の目に触れた。事業をいったん開始してしまうと、ニュース性のある話題が見つけにくくなるが、このように定期的に話題を作り、住民に対して活動をアピールし続けることが大切だという。

また愛知県尾張旭《おわりあさひ》市では、各世代とも赤ちゃんと接する機会が少なくなってきているのではないか、次世代育成という観点からも、これから親になる中学生たちに赤ちゃんと接する機会を提供できないかと考え、中学生がボランティアとしてブックスタートに参加する企画を立てた。二〇〇八年の夏休みに、市内の三つの中学校から十七名の生徒が参加して始まったこの企画は、翌年も継続して行われている。参加した生徒は「赤ちゃんが笑ったり、ぎゅっと手をにぎってくれたり、抱きついてくれたりするのが、かわいい」「初めは赤ちゃんが人見知りをしてなつかなかったけれど、絵本を見せると笑顔になってうれしかった」と語っている。

鳥取県境港《さかいみなと》市では、市役所の中に応援団となる職員を増やすことが大切だと考え、新規採用の行政職員の研修プログラムのひとつとして、ブックスタートを取り入れた。会場ではボランティアも赤ちゃんも保護者もみんなが笑顔なので、職員も自然と笑顔になる。その後配属される部署の業務でもその笑顔で市民に接してほしいと、この研修を通して伝えているという。

さらに市区町村の取り組みをバックアップする立場の機関にも活動への支持を広げるために、NPOブックスタートでは文部科学省や厚生労働省、都道府県の図書館や母子保健担当部局等に定期的に全国の取り組みに関する情報を提供している。また、テレビ、ラジオ、新聞といった各マスコミ媒体からの取材を受けたり、読書や教育、医学、保健、まちづくりといった様々な分野の雑誌、機関紙などからの依頼を受けて原稿執筆を行い、より多くの人に活動を知ってもらうための広報活動にも力を入れている。

中学生がボランティアとして参加
（写真提供：愛知県尾張旭市）

行政職員の研修プログラムとして
（鳥取県境港市）

私たちはこれからも単に実施自治体数を伸ばすことを目指すのではなく、ひとつひとつのワーキンググループを力づけることによって、各地のブックスタートが自律し、その充実したあたたかい取り組みが多くの人の共感と支持によって支えられるような活動として成長していくことを目指していきたい。それが実現すれば活動への評価も自然と高まり、活動に取り組む自治体が増え、全国的な広がりにつながっていくだろうと考えている。

世界への広がり

一九九二年に英国で発案されたブックスタートは、二〇〇〇年に日本が第二か国目として全国的な取り組みを開始して以降、二〇〇三年には韓国、二〇〇四年にはタイ、二〇〇五年には台湾というように、アジアのほかの国々でも活動が始まった。また英国の取り組みはEU(ヨーロッパ連合)の中でも話題となり、ドイツ、ベルギーなどに広がり、さらには南米コロンビアでも実施され、活動は世界に広がりつつある。二〇〇七年には英国の長年にわたる取り組みと世界各国への広がりが評価され、ブックスタートが「リンドグレーン記念文学賞*」にノミネートされるなど、国際的な評価も高まっている。世界に広がったブックスタートの中からいくつかの国の動きを紹介したい。

* 子どもの本やそれに関する取り組みに対して与えられる、スウェーデン政府主催の国際的な賞。

英国 ― ブックスタートを英国の伝統に

英国では先に紹介したとおり、一九九九年と二〇〇〇年の二年間にセインズベリー社から多額の資金援助を受け、活動は一気に全国の九二％にまで広がった。しかしそれが終了すると同時に、再びそれぞれの自治体が事業実施にかかる費用を確保しなければならないことになり、実施自治体は一時的に減少した。その後、全国的に実施するための安定した財源が確保できないまま数年間が過ぎたが、二〇〇五年度からは政府の全面的な財政支援を受けることになり、現在では活動はほぼ全国で実施されている。（イングランドは子ども・学校・家庭省、スコットランド、ウェールズではそれぞれの地方分権政府、北アイルランドでは教育省がブックスタートの費用を予算化している。）英国では、十二か月までの赤ちゃんを対象とした「ブックスタート・パック」のほか、一歳六か月児を対象とした「ブックスタートプラス・パック」、三歳児を対象とした「ブックスタート・トレジャー・チェスト（Treasure Chest）」の三種類のパックが用意され、このすべてのパックが一人ひとり、すべての子どもに手渡されている。また、視覚障がいを持つ子どもには触って楽しむ絵本などが入った「ブック

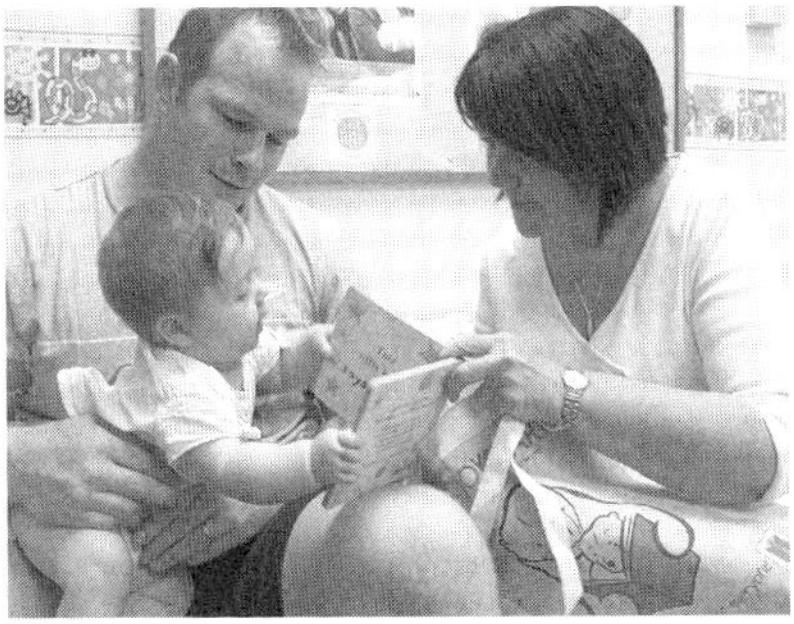

Image © Bookstart UK

タッチ（Booktouch）」、聴覚障がいを持つ子どもには手話で遊ぶことをテーマにした絵本などが入った「ブックシャイン（Bookshine）」という特別なパックも用意されており、その中には保護者向けに、障がいを持つ子どもと絵本を楽しむ際のアドバイスや子育てに役立つ情報が載った冊子も入っている。

ブックトラストのブックスタート責任者であるローズマリー・クラークさんは、次のように語っている。「私たちはブックスタートを英国の伝統にしていきたいと思っています。〝赤ちゃんの最初の一冊〟というものが、初めての微笑み、初めて生えた歯、初めて発した言葉、初めて歩いた時というのと同じように、赤ちゃんの成長の中での大切な出来事になってほしいのです。そして私たちの国では、このようにして赤ちゃんの誕生を祝福し、歓迎するのだということを、世界の人々に知ってほしいと思っています。」

韓国——絵本は楽しむためのもの

韓国では民間の読書推進団体が中心となって「ブックスタート・コリア（韓国ブックスタート委員会）」を設立した。二〇〇三年にソウル市中浪《チュンナン》区の保健センターでの六か月児健診で試験実施が行われ、活動が開始された。二〇〇九年には全国の三七％の自治体で実施され、年間に生まれた約四十四万五千人の赤ちゃんの一五％にあたる、約六万六千人にパックが手渡されるまでに広がっている。

韓国では、二〇〇九年に政府が全国的な健診制度の整備を開始するまでは、保健センターで乳幼児の集団健診を行っている自治体は非常に少なかった。そのため取り組まれているブックスタートの約八割は図書館とボランティアが中心となっている。図書館では「ブックスタートの日」を設定して事前に住民に告知し、そこに対象者が参加する方法で行われている。日本と同じように、図書館職員やボランティアが親子と一緒に絵本をひらき、その楽しさを伝えながらパックを手渡している。参加は任意であるため、対象となった赤ちゃんのうち約六割にしかブックスタート・パックを手渡すことができていないことが課題だという。

韓国でもフォローアップ活動には力を入れており、ブックスタートをきっかけとして、赤ちゃんと保護者が集まって一緒に歌を歌ったり絵本を楽しんだりする「共同育児」というプログラムも始まっている。これは赤ちゃんや保護者同士が友人を作り、育児に関する情報を交換するなど、日本の子育てサークルのような機能を持っており、これからの広がりが期待されている。

二〇〇八年には、大統領直属の図書館情報政策委員会が「図書館発展総合計画」をまとめ、その計画を推し進めるための事業としてブックスタートが選ばれた。それにより政府から年間十億ウォン（約一億円）の予算が付き、現在、ブックスタート・コリアにより急速な推進が図られている。

韓国は大学進学率が八〇％を超えると言われ、ほとんどの子どもたちは小学生の時から夜遅くまで塾に通っているという。そのような社会状況の中でブックスタートを行うことについて、ブックスタート・コリアの事務局長アン・チャンスーさんは次のように語っている。「ブックスタートは早期教育の対極にあり、親子の楽しい時間を作るためのものです。ブックスタートや共同育児を通して、絵本は何かのために読むものではなく、楽しむためのものだという認識が広がり、子どもたちが人の気持ちの分かる、心豊かな大人に育ってほしいと願っています。ブックスタートによって、今の社会の風潮を変えたいのです。」

タイ――宗教の違いを越えて

タイでは、二〇〇四年にタイ児童図書評議会（ThaiBBY）が中心となって十一地域で試験実施が行われた。タイの地方自治体では公的事業としての乳児健診は行われておらず、公共図書館もほとんどないため、スラム地区で活動するＮＧＯや産婦人科医院、小児科医院、診療所などの施設ごとに広報を行い、そうした施設を訪れる赤ちゃん全員にパックを手渡すという方法で実施されている。二〇〇八年には全国で約四千人の赤ちゃんが対象となった。

タイではブックスタート開始当時、赤ちゃん向けの絵本はほとんど作られていなかった。そのため試験実施では、日本の赤ちゃん絵本のタイ語版とブックスタートのために新たに作られた絵本が手渡された。その後、活動が注目を集めるにつれて関心を持つ出版社も現われ、現在では海外からの翻訳本も含めて多くの赤ちゃん絵本が出版されるようになったという。

立ち上げの中心となったThaiBBY事務局長のポンアノン・ニョムカ・ホリカワさんは「タイでブックスタートを立ち上げたいと手を挙げてくれた人たちと一緒に実施方法を考えました。特にNGOの職員や医師の中には海外での生活経験がある人も多く、子どもの成長にとって本の時間がどれだけ大切なものであるかを分かっている人たちが中心となってくれたんです」と話す。

Image © ThaiBBY

試験実施を行った実施主体のひとつであるTK park（青少年総合図書館）の館長シリコーン・マニーリンさんは「一番うれしかったのは、南部にあるイスラム地域でブックスタートを実施できたことです。文化の違いもあり、最初は協力的ではなかったのですが、最終的には〝子どもたちのために〃と共感してくれ、実施することができました。この地域ではテロが頻発しています。それでも一緒にブックスタートのことを考えられたことは、私たちにとって大きな希望になりました」と話している。

コロンビア ―― 深刻な社会問題を解決するために

南米コロンビアでは二〇〇三年に試験実施が行われた。コロンビアでは赤ちゃんを対象にした保健事業が行われる機関や図書館でブックスタートが実施されており、二〇〇八年には全国の六つの機関を通して約四千五百人が対象となった。活動は読書推進団体のフンダレクトゥーラ・コロンビアが中心となって展開され、団体への寄付と実施機関の財源によって実施されている。識字率が低く、字を読むことができない保護者も多いため、パックの中には文章のない、絵のみでストーリーが展開する絵本を入れている。

コロンビアはスペイン語文化圏であるため、スペインから子どもの本が輸入されはするものの価格は高く、活動の開始当初は子どもの本に対する社会の理解はほとんどなかった。ブックスタートの実施にあたって「親子で本を楽しもう！」というテレビコマーシャルのキャンペーンを展開したり、まだ全国的にも数が少ない図書館で地道なPR活動を続けた結果、近年になって、幼少期に親子で本に親しむことの意味が少しずつ理解されはじめてきているという。

コロンビアは長期にわたり内戦が続く中で、一万人以上の未成年者が武装グループに関わり、また家庭内暴力が深刻な社会問題となっている。フンダレクトゥーラ・コロンビアのディレクターであるカルメン・バルボさんはブックスタートについて、「私たちが注目しているのは、本を通して会話をすることで、親子のコミュニケーションや愛情あふれる身体的な触れあいが生まれ、それにより双方に安心感や信頼感がもたらされるという点です。ブックスタートによって、家庭内暴力や育児放棄といった私たちの社会の深刻な問題が減少していくことを願って活動しています」と語っている。

Image Ⓒ Comfamiliar Atlántico, Barranquilla - Colombia

日本の経験を世界に

NPOブックスタートは、活動が世界に広がっていく中で、特にアジアの国々からの問い合わせを受けてきた。英国で始まったブックスタートを、日本というまったく異なる社会の中でどのように立ち上げてきたのかという経験が関心を集めているのだ。そこで私たちは二〇〇六年に「ブックスタート・アジアネットワーク事業」を立ち上げた。

　この事業では、日本の自治体関係者向けに発行している『ブックスタート・ハンドブック』を英語に翻訳して海外の推進団体に提供したり、これまで韓国、タイ、ラオスに招かれて日本のブックスタートを紹介したりしてきた。二〇〇六年には中国のマカオで開催された第三十回国際児童図書評議会(IBBY)世界大会で、「ブックスタート国際会議」を開き、世界中から集まった児童文学や子どもの読書推進、教育に関心を持つ人たちに対して、各国の取り組みを紹介した。また二〇〇七年には、世界の児童書出版関係者が集うイタリアのボローニャ・チルドレンズ・ブックフェアで、英国のブックトラストとフンダレクトゥーラ・コロンビアとともに「ブックスタート紹介イベント」を開催した。

　私たちはこの事業を通してブックスタートに関心を持つ多くの国の人々と出会ったが、それぞれの国の状況は日本とは大きく異なる場合も多かった。出版活動がこれから始まろうという国、出版技術はあっても紙を調達する資金がない国、国民の識字率が五%という国もある。また経済発展とともに地方の村々にも電気が通るようになって、各家庭に本よりも先にテレビが行きわたるようになり、親子が対面した昔ながらの育児が急速に失われつつあることを心配する人もいた。中国の人からは「ブックスタートが初等教育とどう結びつくのか」という率直な関心が寄せられ、国家体制の違いから「中国では中央集権的にトップダウンでブックスタートを始める方が現実的なのではないか」という意見も聞かれた。それぞれの国にはその国特有の社会背景や事情があるのだ。

しかし社会背景が異なる英国の活動から私たちが多くの大切なことを学んだように、まったく状況が異なる国の人たちにも、日本の経験をどこかで役立ててもらえるのではないだろうか。そして私たちがこれまでブックスタートを通してどんなことを考えてきたのか、何を大切にしてきたのか、そしてこれからの課題は何かを伝えることは、同時に日本という社会の今の姿を伝えることにもなるのではないかと考えている。

座談会　絵本から〝赤ちゃん発見〟へ

榊原洋一
（小児科医・お茶の水女子大学人間発達教育研究センター教授）

佐々木宏子
（発達心理学者・鳴門教育大学名誉教授）

田中共子
（図書館司書・東京都杉並区立中央図書館）

松居　直
（児童文学者・NPO ブックスタート会長）

2009 年 8 月 27 日　東京都千代田区にて

松居　本日は、日本で大きく広がりつつあるブックスタートがもたらすもの、将来の可能性について考えながら、赤ちゃんと絵本をひらくとはどういうことなのかを話し合いたいと思い、お集まりいただきました。まずは、私がブックスタートに興味を持った背景についてお話しさせていただきたいと思います。

松居直氏

「自分に語りかけてくれる声」を聞いている

私は長男が一歳の時に本を読んでやるようになりました。私自身が子どもの時から絵本が好きだったものですから、本屋さんで『はなのすきなうし』(マンロー・リーフ文／ロバート・ローソン絵／光吉夏弥訳、一九五四年、岩波書店)を買ってきて家に置いておいたんです。そうしたらそれを一歳になった長男がこう、手でめくっているんですよ。自分の手を動かしてページをめくると、次に別の絵が出てくるというのが面白いらしくて。私は「こいつも、本好きか！」と思って、ひざに抱っこして読んでやったんです。そうしたら一歳の子が最後までちゃんと聞いていたんです。次の日に夕方仕事から帰ってきて玄関の戸を開けると、よちよち歩いてその本を持ってきて「これ読め」って差し出すんですよ。それで、また読んでやったんです。すると、また最後まで聞くんです。分かるはずはないんです、あの話は。スペイン戦争の時の話ですからね。ですからその時は、子どもってこんなに本とのつきあいが楽しいのかなと思ったんです。

でも後でよく考えてみたら、本に対する興味よりも、生まれて初めて親父がちゃんと抱っこしてくれて、自分に何か話しかけてくれるということに緊張していたんだっていうのが分かりました(笑)。子どもっていうのは、単に本が好きとか好きじゃないとか、そういうことではなくて「自分に語りかけてくれる声」を聞いているんですね、子守歌では一番それがよく分かるんですけれども。そしてその声は言葉につながっているわけですから、そこからだんだんと言葉を聞くということに、関心を持つようになるんじゃないかなと思ったんです。ブックスタートを初めて知った時には、親子の間にそういう時間を作り出す絵本そのものが、実際に赤ちゃんとお母さん、お父さんの元に手渡されるというところに、非常に興味を持ちました。

絵本は赤ちゃんの魅力を引き出してくる

佐々木　私は一九七〇年代に『絵本と想像性　三歳前の子どもにとって絵本とは何か』（一九七五年、高文堂出版社）という本を書いたのですが、その時から「なぜ三歳前の子どもに絵本が必要なのか」という批判がありました。ただ私がその時に書いたのは、完成した絵本をそのまま赤ちゃんに読むということではなくて、松居さんがおっしゃったような、絵本を真ん中に置いた時に繰り広げられる、子どもとのやり取りの面白さなんです。

赤ちゃんのために作られた絵本の言葉は、赤ちゃんに向けて語られるやわらかいリズミカルなものです。特に私は発達心理学の観点から見ていましたので、親子がやり取りしている時に、なんでここでこんな反応が出てくるんだろうかという、赤ちゃんとのコミュニケーションの面白さ、意外性の連続に引き込まれたんです。絵本というのはこちらが思っている以上に「ああ、赤ちゃんってこうなんだな」ということに気づかせ、赤ちゃんが内側に持っている魅力を引き出してくるんですね。

佐々木宏子氏

最初にブックスタートについてお話を伺った時には、米国で広がったヘッドスタート*の考え方が、英国ではブックスタートの展開の中で識字教育として出て、期待されたのだろうと思いました。ただそれをそのまま日本でも同じように展開するのではないと最初から聞いておりましたので、日本では赤ちゃんの内側の意外なものがいっぱい見えてくるような、楽しい絵本の時間が増えていくという活動になるのであれば、これは非常に面白いことになるだろうと思いました。

榊原洋一氏

＊米国で一九六五年に始まった、子どもの就学準備のための国家プログラム。低所得者層の子どもとその家族を対象としており、支援内容は教育・健康・食育・両親の関わりといった分野に及ぶ。

日本の津々浦々の子どもたちに届ける

榊原　私は小児神経学と子どもの発達を専門にしているので、子どもの言葉とか、そのほかのいろいろな面での発達の側面から関心を持ちました。子どもというのは乳幼児期の成育環境からたくさんの影響を受けています。成育環境とは、まわりにある物であり、人ですよね。絵本は子どもが一人で触れて遊んだりする物であると同時に、保育者との関わり合いが生まれる媒介になることがはっきりしています。そして最近ではいろいろと実証的な追跡調査の結果も出ていますが、本を媒介にした親子の関係は、子どもの様々な発達に良い影響を及ぼすということも分かってきています。そういう特徴を持つ絵本というものが、日本の津々浦々の子どもたちに届けられるっていうのは、私はもう、すぐに「これはいいな」と思いました。

ただ、親子で本を読むことで「ＩＱが高くなる」「言葉の発達が良くなる」とか、はたまた「良い大学に入れる」といったことを強調するのが流行《はや》っていますから、そういう活動にはなってほしくないなと思っていました。

どうして図書館が本をあげなくてはならないの?

田中　ブックスタートを知ってすぐに「これはいいな」と思われた榊原先生と、私の反応は正反対。本書の杉並区の試験実施のところにも書かれているとおり、最初は「どうして図書館が本をあげなくてはならないの?」から始まったんですね。

でもある時、保健センターで「赤ちゃんとどう接したらよいか分からない」というお母さんからの相談をよく受けると聞いたんです。「上の子はかわいいんだけど、下の子はちっともかわいいと思えない。つらいんです」とか、「手をあげてはいけないって分かっているのに手をあげてしまう、そういう自分が訳が分からないんです」と。それを聞いて「図書館には幸せな感じの親子連れがたくさん来ているのに、杉並区の中にもそういう家庭があるんだ」と気づいたんですね。

田中共子氏

でも「じゃあ、そういう人たちにだけ本をお渡ししますので、おいでください」ということではないですよね。私はブックスタートの〝全員に〟というところに一番惹かれたんです。そう考えたら、これはもう図書館のとか、保健センターの仕事ということではなくて「杉並区に生まれた赤ちゃんと子育てをしている人たちへのサポートは、図書館とほかの部署との壁を取り払ってやるべきことなんだ」というふうに理解できたんですね。

こういうふうに意識を変えないと「図書館が中心になって〇歳児に絵本をあげる」という活動は、どんな真面目な図書館員で構成されている図書館でも、むしろ真面目であればあるほど、腰を上げないだろうなと思いました。

ブックスタートをきっかけに、図書館に足を運ぶ親子も

榊原　田中さんが司書として「図書館が本をあげるなんて」という違和感があったとおっしゃいましたが、逆にブックスタートによって小さい時から本に親しむと、本を読みたいという気持ちが大きくなって、図書館に行くことにつながったというようなことはないのでしょうか。

田中　それはありましたね。ブックスタートで絵本を差し上げる時に「図書館においでになっ

たことはありますか?」と聞くと、「赤ちゃんを連れて行って、泣いたりするとご迷惑だと思って行っていません」と言う方がすごく多くて……。「図書館って赤ちゃんのいる保護者の方へのPRがぜんぜん足りていなかったんだな、恥ずかしいな」って思ったんです。だからそういう方たちに「どんどん赤ちゃんを連れてきてください」と言ったら、ベビーカーを押して来る方がたくさんいらしたんです。

実は、それまでも「〇歳児でも図書館利用者カードが作れますよ」と言っておきながら、図書館が「赤ちゃん」と言う時は二歳くらい、つまり幼児のためのおはなしが理解できるくらいの年齢を考えていたんですね。それがブックスタートによって「赤ちゃん向けというのは〇歳が対象だ」と、はっきり意識を変えたんです。

ただ、やはりほかの利用者の方からは「赤ちゃんが泣いてうるさい」という苦情もあります。そういう時は「赤ちゃんの泣き声は、車や機械の音と違って自然の声なので、どうかしばらくご協力をお願いします」と少し強引なことを言ったりしているんです。

赤ちゃんが忌避される時代

榊原　赤ちゃんの泣き声はたぶん人間の進化の過程で、親が「黙ってじっとしていられない、何とかしなくちゃ」という気持ちにさせられるようになってきたはずなので、自然の声ではあるんですけど快いものではないはずなんですね。私にも、図書館は調べ物をする人たちがいるので静かにしなければ、というイメージがあります。ただ現代社会では、赤ちゃんの泣き声が忌避されるような場面や環境が増えてきているということも確かだと思います。

佐々木　都市でも地方でも少子化は進んでいますし、その中で赤ちゃんを産まない人も増えてきています。一九六〇年代以降の高度成長期のゆがみみたいなものが出てきているんでしょうね。でも赤ちゃんというのは絶えず動いたり声を出したりしていて、ものすごく世話が必要なもの。一人前に育てていくには、大人の側も我慢をしたり、努力をする必要があるんですね。それと同時に、赤ちゃんはすごく生き生きとした生命力を持っていて、楽しい存在でもあります。そういう赤ちゃんの魅力を発見するという点で、私はブックスタートってとても大きな役割を果たしていると思います。

絵本はテレビやゲームなどと違って、必ずそこで親子が関わらなければ始まらない、というか親子がともに引きずり込まれてしまうようなメディアです。北海道恵庭市でブックスタートの追跡調査をした梶浦真由美さんが、保護者にインタビューをした中に「自分は赤ちゃんなんて好きじゃないと思っていた。ところがブックスタートでもらった本を読んでみると、赤ちゃんがそれに対して、何度も読んでほしいという様子を見せたり、いろいろな反応をする。それによって、子どもってかわいいっていうことを発見した」というお母さんがいたそうです。私が絵本を介した親子の関わりを調査している中では、お父さんにもそういう方が多いですね。

赤ちゃんと一緒にいるということは、たとえ四十歳、五十歳であっても、おじいちゃん、おばあちゃんになっていても、それぞれの人生に豊かさを感じさせてくれるのではないかと思うんです。子育て家庭に対して手当てを出したり、保育所を増やしたりというような支援ももちろん必要なんだろうけれども、もっと奥に入って、赤ちゃんの内側の声を聞くというか、赤ちゃんの存在そのものが放っている魅力にみんなが気づいて、「人間ってこういう関わり合いが大切なんだ」という認識が復活しない限り、どんなにお金をつぎ込んでも、時代の閉塞状況とか少子化というものは絶対になくならないと思います。私は、「人を巻き込み、赤ちゃんというものの存在に光を当てる」という絵本の持つ特性が、少子化のような問題に対しても、かなり深い意味を持つのではないかと思っています。

絵本が双方向の関わり合いを促す

榊原　私はブックスタートがこれまで、「子どもの発達を促進する」とかそういうことを強調しないところが良かったと思っているんですが、あえてひとつ面白い調査をご紹介したいと思います。先日、アメリカの小児科学会の雑誌に、子どもの言語環境について十年間の長期にわたって調査したものの結果が出たんです。これは二歳くらいの子どもが聞いている音を二十四時間録音できるレコーダーを使って、それを「本人が聞いた言葉」「保護者と会話をしているところ」「テレビの音」がそれぞれ区別できるようなソフトで分析したというものです。一人につき四、五日間録ってもらって、何百人というデータを取りました。

非常に面白かったのは、テレビをたくさん見ている子どもというのは、言葉の獲得が遅れるのではなく、言葉の数が減るんですね。ところが、親との会話が十分ある子どもはそれが増える。つまり、親との相互的な声のかけあいが、その子の言語能力の基礎らしいということが分かったんです。テレビを見ること自体が悪いんじゃなくて、それによって親と会話をする時間が減っているんだということですね。さらに面白いことに、語りかけられた言葉の数は、関係はしているんですけれども、あまり大きな影響ではない。むしろ双方向であることの影響の方が大きいということでした。

そこで私が思ったのは、よく「読みきかせ」って言いますが、注意しなくてはいけないのは、ただ一方的に子どもに対して読めばいいんじゃなくて、読んで、かつ子どもの反応を見たりして、子どもも声を出したりする……、この両方からの働きかけが重要なのかな、と。

佐々木 最近は「読みあい」という言い方も使われていますね。

榊原 「読みあい」ですね。双方向の、人の口承を媒介するものとして存在しているというのが、絵本の中核的な意味なんだなという気がします。

松居　言葉っていうのは発する人の気持ちが伝わりますからね。僕はブックスタートが〝Share books〟というフレーズを使っていることがとても印象的で、本当に勉強になりました。

佐々木　子どもと絵本を読む時には、子どもを自立した読み手としてとらえて、子どもが何をどう読んでいるのかを聞こうとする姿勢を持つのが一番重要だと思います。「私、読む人」「あなた、聞く人」っていうのを壊していきたいんです。そうすると、この子はここで何を言うかなとか、何を感じているのかなということにすごく敏感になっていくんですよね。

榊原　反応を見ながら読む……。

佐々木　見ながら読むというか、顔の表情とかしぐさとか声の調子とか、そういうもの全部に興味を持って、子どもの〝声〟を聞いてやろうという読み手が一番良い読み手だと思います。

松居　それはもう親子の絆みたいなもの、信頼につながっていきますね。

佐々木　そうですね。そして子どもって面白いなあっていうことが分かってくると、本当に子育てが面白いし、子どもとのやりとりが絵本以外のところでも面白くなってくるんです。

今、体操教室とか音楽教室とかいっぱいあって、そこでもお母さん方がいろいろと情報交換をしたり、子どもの面白さを発見しているんだと思います。ただ、やっぱり絵本っていうのは「子ども理解」にとってはかなり深いもの、大きい意味を持っているツールだということは言ってよいのかなと思いますね。絵本で子どもの面白さを発見した方が「これ読んでみて。うちの子ども、こんなふうな反応したわよ」というふうに口コミで広げていっていただければそれが一番良いし、ブックスタートで本をお渡しする時にも「この本を子どもと一緒に読むと、こういう面白さもあるんですよ」というように、楽しさを一緒に伝えていくことも、今後ますます大切になってくるのかなと思います。

「読むのも勝手、聞くのも勝手」

田中 この前、図書館で「赤ちゃんと絵本の講座」をやった時に、あるお母さんから「絵本を読んであげる時に、主人公の名前を自分の子どもの名前に置き換えてもいいんですか」とか「途中で子どもが先にページをめくろうとしてしまうのですが、順番に読んでいかなければいけないんでしょうか」という質問が出ました。私は「もう少し自由に、子どもさんの顔を見て、今どんな気持ちなのかとか、どんなところに反応したり喜んだりするのかを見ながら、それに沿うように読んであげると、お母さんも楽しいし、子どもさんもうれしいんじゃないですか」ってお答えしたんですね。どの方も、どういうのが子どもとの正しい絵本の読み方なのかということを本当に悩んでいて……。逆に言うと、生活の中でも子どもとの自由で自然なやりとりが少ないのかなとも思ったんです。

松居 僕は「読むのも勝手、聞くのも勝手」と言っていて……。どんな読み方だっていいし、聞いていたって聞いていなくたっていいんです。

田中　ところが「どうだっていい」と言われるのが、きっと一番困るんですよね。

榊原　もちろん心配で聞いてこられたらお答えすればいいんですが、ただ「こういう読み方がいいんです」っていう定式化したものを出していくのは、それがマニュアルのようになってしまう場合もあるので気をつけなければいけないですよね。

田中　たぶんどこかで「こうあるべき」という情報も出ているんでしょうね。もう少し自由に楽しんで読んでいいと思うのですが……。

松居　僕は今でも母親の寝顔をよーく覚えていますよ。母親っていうのは、本を読みながら、すぐ寝てしまいますからね。だんだんだんだん緊張が解けて、顔の表情が変わってしまって。「こんな顔になっちゃった」って。あれは面白かったな。

お父さんが参加する仕組みを

松居　赤ちゃんと絵本を読んでいるのは、どうしてもお母さんというイメージが持たれがちですが、これからはお父さんの関わり方も考えないといけないですね。

田中　ブックスタートには、お父さんとお母さんが両方そろって来るケースはわりと多いんですよ。絵本の講座に参加するお父さんもいらっしゃるし、家庭で読んでいるお父さんも多いのではないでしょうか。

佐々木　ただやっぱり赤ちゃんと本当に絵本を楽しむためには、読む以前の関係ができていないと難しいんですよね。だから絵本以前に、ごく自然なかたちで赤ちゃんと触れあう時間を持つっていうことが大切なんです。日本のお父さんはそういう時間が少ないっていうのが、一番の問題かな。

榊原　子どもへの慣れっていうのは、他にもいろいろな要素がありますが、やはりほとんどは時間ですよね。長い時間接しているお父さんなら、赤ちゃんとのコミュニケーションが自然とできる。今の日本社会の中では、女性と男性の役割のバランスが極端に偏っているんですよね。

私は子どもが小さい頃に米国にいたんですが、ほとんどの家庭では保育園の送り迎えのどちらかは必ずお父さんの役目で、私もやっていました。それと、よく家族ぐるみのグループで家に集まったりもしていたんですね。日本人の仲間もいたので「これ、日本に帰っても続けようね」と言っていたのに、日本に帰った途端に一切できなくなりました。場所のせいなのか、時間のせいなのか、全然自由度がなくなってしまって……。同じ人が米国にいた時にはできていたのに、日本に帰ってくるとできない。

佐々木　人の働き方、まさに文化の違いですね。米国では大学なんかでも午後三時頃になると、子どもを学校に迎えに行くのに男性の先生が抜けて帰りますものね。それが当たり前になっている。それでまた戻ってくる。中には子どもを連れて戻ってくる人もいるし。

榊原　父親の意識やワーク・ライフ・バランスを変えるためには、父親が育児に入りやすいような仕組みを工夫して作っていくことも大切だと思います。先日『FQ　JAPAN』という、元々は英国で出ている父親のための育児雑誌の日本版の取材を受けたんです。表紙にはオバマ大統領が子どもと楽しそうに過ごしている写真が載っていて、中身はどういう内容かというと、例えばジョギングをしながら押すことができるベビーカーの特集記事がありました。その紙面を通して「公園でスポーツタイプのバギーを押しながら、ジョギングするのがカッコイイ！」っていう、男性が見ても「子育てって面白いな」と思える仕組みが作られているんですね。私も子育てに関する本を書いていますが、子育ての本というのは表紙がたいていピンクとかオレンジとかで、男性があのコーナーに行くと、なんとなく気恥ずかしい気持ちになってしまうんですよね。ですから、その辺も工夫していくといいのかなという気もするんです。

日本でブックスタートが広がった背景

松居　ここで少し日本でブックスタートが広がった背景について考えてみたいのですが、二〇〇〇年前後というのは、私は、赤ちゃんのことと、小さな子どもたちと絵本の関係についての認識が、深くはないけれど、少しずつ社会に広まりつつあった時だと思っています。

佐々木　それと日本のブックスタートの背景には、地域の文庫活動の下地が相当ありますよね。世界でも「ＢＵＮＫＯ」って言うと有名ですけれども、日本オリジナルの、この草の根のボランティア活動がなかったら、ブックスタートをやりきれていない地域がたくさんあるでしょう。

榊原　小児医療という側面から言うと、世界の中で日本ほど健診体制が徹底している国はないんですね。例えば米国は自主診療ですから、行きたい人が行くという考え方でシステムが違う。日本の乳児健診の受診率はすごく高くて、それがブックスタートとつながったことも、日本でうまく受け入れられた背景にはあるのではないかと思います。

田中　杉並区でブックスタートを始めた頃、ボランティアの方の中に「なんでこの一冊を手渡すのか、ある年に生まれた子ども全員に同じ本が行きわたるなんて気持ちが悪い」って言う方がいらしたんです。それに対してこちらが説明できたのはただ一点。「これしか読んじゃいけないなんてだれも言ってないんです。この本は本当に最初のきっかけとなる一冊だから、この後は子どもさんが興味を持ったり、親御さんが読ませたいと思うものを、どんどん選んでいっていただければいいんじゃないでしょうか」と、お伝えしたんです。

榊原　戦争中の思想統制を経験した方の中には、やはりそういう記憶を持っている方がいらっしゃるんですね。先日『月刊保育絵本クロニクル』(二〇〇五年、日本児童出版美術家連盟)という本を読んでいたら、戦時中の子どもの本にも黒く線が引いてぬりつぶしてあったりして「ああ、こうだったんだ」って思ったんです。

佐々木　公《おおやけ》が子どもの読書の問題に対して関わることについて、日本の場合には苦い歴史が多かったですからね。太平洋戦争が始まる頃にも検閲だとか、ある本を薦めることによって逆に他の本への興味、関心に抑制をかけるといったようなことがありました。ブックスタートは、ただきっかけとして絵本を配るという活動ではなくて、そこで何が起こっているのか、具体的な赤ちゃんの顔が見える活動にしていかなくてはいけないでしょうね。

田中　その疑問を呈したボランティアの方も、実際にブックスタートで絵本を手渡して、その時の赤ちゃんの表情を見てみたら、この一冊で赤ちゃんが洗脳されるというような話じゃないんだということを分かってくださったんですが……。それでそういった区民の方の心配を払拭するためにも、しばらくしてから「ボランティア募集」ではなくて、「一緒にブックスタートをやりませんか？」という呼びかけでボランティアを募ることにしたんです。財源は確かに自治体から出るけれども、実際にブックスタートをつくっていくのは皆さんなんですよ、という意味を込めて。

杉並区では今も四十五名の方に、パックの中身をつめる準備作業なども含めて、ブックスタートに協力していただいていますが、私たちはそれによって職員の労力が軽減されるということを期待しているのではないんです。例えば将来、区がこの事業を中止するという話になった時に、ブックスタートを受けた方だけではなく、ボランティアに関わってくださっている皆さんが「こういう意味のあることをやめちゃいけないんだ」っていう力になってくださるんじゃないかなと思っているんです。実は個々には「子どもを持たない単身の区民もいるのに」とか「子どもがいるだけで幸せなのに、そこへさらに何かをあげるなんて」という声もあるんですよ。でも、自分の家に子どもがいない人にも「赤ちゃんが幸せに育つまちは、私たちが暮らすのにも居心地がいい所なんだ」という考えを広げていくためには、住民の方を中心とした地域の力を組織化するということが必要になってくると思うんですね。

榊原　ブックスタートが媒介となって、地域でいろいろな活動が生まれていくというのが面白いですね。中には面倒くさいから、赤ちゃんが生まれたら、その家庭に絵本を郵送しちゃえばいいじゃないかという人もいるかもしれないけれど、それはぜんぜん違うんだということですよね。絵本を介して、人が関わっていくことが重要なんだと。

今、私たち小児科医が子どもたちの育ちを心配するのは、地域というかコミュニティがないということなんです。ブックスタートが地域の再活性化みたいなことに少しでもつながれば、大きな意味を持ってきますね。

国によって異なるブックスタートの受け入れ方、広がり方

松居　ブックスタートは今、世界に広がりつつありますが、私たちの経験をほかの国の人たちにどういうふうに伝えていくかということを考えていくことも大切だと思います。

榊原　おそらくブックスタートのような活動が広がっていくのには、いくつかの要因が必要で、ひとつには出版文化がある程度成熟していないといけない。それから例えばインドのように、マルチカルチャー(多文化)のマルチランゲージ(多言語)の国ではなかなか難しい問題がある。そしておそらく米国などはそうだと思いますが、国によっては、ひとつの動きを作るのではなくて、むしろそれぞれの地域ごとにやるさ、というような感じのところもあるでしょう。

佐々木　そうですね、ブックスタートの展開は国によってすごく違ってくるでしょうね。義務教育制度がなかったり、一般の人が本を手に入れるのが難しいようなところでは、ある種、識字教育的な意味合いが出てきて、それはもうやむを得ないと思うんですね。多くの国の場合、まず本が文化のひとつとして入ることに、すごく大きな意味があるのかなっていう気がするんですよね。日本や欧米のように、本というものがすでに育児文化としてあり、教育熱心で、飽き飽きするほど物があるような国とでは、基本的に展開の仕方が違うと思います。

日本では親子が比較的情緒豊かに接触しますよね。それが現代になって消えかけようとしているところで、それをもう一回復活させるひとつのツールとして、絵本というものが着目されてきたのだと思います。それから絵本が就学前の子どもの、言葉の教育のための単純なツールであったものが、その意味を少しずつ変えてきていて、コミュニケーションのツールとして受け止められるようになってきた。そういうふうに進化したところが、日本の特徴なのではないかという気がします。

榊原　それと先ほど「現代は赤ちゃんの泣き声が忌避される時代」と言いましたが、もともと日本には戦前から愛育班活動*のような、地域で子育てをサポートしていくという運動があったり、日本的なボランティア精神のようなものがあった。それが現代の地域にも残っていて、ブックスタートを受け入れる萌芽となった可能性もあると思うんですね。

日本のブックスタートでは「私たちの」ってところがキーワードだと思うんです。「私の」じゃなくて、「私たちの」コミュニティと子どもたち。こういう考えがブックスタートを通して着々と日本社会の中に広がっている、それによってブックスタートが地域に定着してきたということをきちんとまとめておくことが大切でしょう。

ブックスタートが普及していった過程の中に、まさに日本的な社会や文化のあり方がいろいろとミックスされて出てきている。それを示すことが非常に重要だと思います。ブックスタートの受け入れ方や広がり方の違いによって、それぞれの国の社会構成や文化的な差を見てみるのも、面白いですね。

＊　恩賜財団母子愛育会が一九三四年から取り組んでいる事業のひとつ。主に地域の女性が中心となっ

て愛育班を組織する。子育て支援や、地域の人々の健康づくりを目的とした活動を行っている。

命を支える言葉を子どもたちに

松居　最近の、大手証券会社の倒産に象徴される米国の資本主義体制の混乱は、世界秩序をゆるがすほどの影響力がある出来事でした。私はそれを目の当たりにして、金と物の社会、金と物の文明は行き詰っているのではないかと思いました。

金と物に対するものは、生き物、命のあるものです。植物や動物、人間には命が備わっている。これは単なる物ではありません。私は母親から一番大切な命をもらい、同時に命の器である身体をもらい、そしてその命を支える力となる言葉をもらったと思っています。言葉の働きと力こそが人間の命を支えていると思っているんです。それにもかかわらず、今、子どもたちは生まれながらに機械語や騒音語に囲まれて、命の言葉となる語り言葉、声の文化の体験が失われています。ですから私たちは今こそ、その命の言葉を子どもの心に深く語り伝えなければならないのだと思います。二十一世紀は、言葉が復活し、言葉の文化が盛んになる時代になってほしい、そしてこれから人間が生きていく一番の出発点に、ブックスタートがあると位置づけていきたいと感じています。

榊原　「絵本が子どもの言葉の発達に良い」と言うと、語彙が増えるとか文法を理解するという話になりがちですが、そういうことではなくて「語りかけられる言葉」によって、子どもが自分の感性を語るものを身に付けていくということなんですよね。言葉というものは思考そのものみたいなところがありますから。文化の真髄を伝えていくのが言葉なのでしょう。

生物人類学者のテレンス・ディーコンという人が言っているんですが、今から五十年後に言葉を使っているのは、今の赤ちゃんたちなんですよね。その子どもたちが使う基本的な言葉は、実は親に読んでもらう本の中で身に付ける言葉だというのです。どんな流行語を作っても、それを子どもたちが大きくなった時に使っていなければ定着しない、つまり子どもが取り入れない言葉は残らないと言っていました。どんな言葉が残るのかを決めているのは大人ではないし、国語審議会でもなくて、子どもたちの感性が受け入れるかどうかで決まるのだということですね。

松居　本当に言葉の力は、私たちが失っていってはいけないものですね。それでは最後に一言ずつ、将来に向けてブックスタートがどんな活動として発展していってほしいと願っているかをお聞かせいただけますか。

榊原　ブックスタートは「関わり合いを育てる」「言葉の文化を育み伝えていく」、そのことが非常に重要だと思います。活動の普及率を四〇％から九〇％に増やすとかそういうことではなく、ブックスタートというものが、日本の社会の中でひとつの文化として認知されるようになるといいな、と思っています。

佐々木　私は「赤ちゃん発見」。ただ表面的にキュートだとか、かわいらしいとかではなくて、赤ちゃんってこんなに面白い存在だったのかということがより深まって、赤ちゃんが内側に持っている魅力がより深く皆さんに認識されると、それがひとつの力になるのかな、と思います。ブックスタートがそういう赤ちゃんの魅力を引き出すかたちでの「読みあい」のところに光をあてていってくだされば……と、とても期待しています。

田中　赤ちゃんにとってブックスタートは、たった一日、保健センターで保護者に抱かれてパックをもらったということで、思い出にもならないことですよね。でもそれをきっかけにして、家庭の中でお母さんやお父さんが本を読んでくれたり、お話をしてくれたなら、そういう環境の中で育った子どもたちが、いずれたくさん世の中に存在することになるんですよね。そう思うと本当にワクワクしてきます。

松居　僕はブックスタートが赤ちゃんの笑顔を大切にして、赤ちゃんが本当にうれしそうに笑うような活動として広がってほしいと願っています。本日はどうもありがとうございました。

おわりに

私たちは、一九九九年に英国でブックスタートに出会って以来、ずっとブックスタートのことを考え続けてきた。最初は英国の人たちと考え、次に日本の多くの人たちとともに考え、現在では世界でこの事業に携わる人たちとも一緒に考えている。その中で自然と、私たちの思いはブックスタートの先にあるものへと及んでいった。そして今は、ブックスタートが世界の平和につながっていくのではないかという思いを日々強くしている。

人間の赤ちゃんは、ほかの動物に比べるととても未熟な状態で生まれてくる。生まれて数年間は、衣・食・住のすべてをだれかのお世話にならなければ生きていくことができない。暑い時には涼しく、寒い時には暖かくしてもらい、たっぷりミルクを飲ませてもらい、安全な所で守られて、丈夫な身体に育っていくのだ。ただ、衣・食・住が足りるだけでは十分ではない。人間が健やかに生きていくためには、人生の最初の時期に「自分は愛されている、守られている、大切な存在なんだ」ということをくり返し感じることが大切なのだと言われる。

赤ちゃんが母親や父親、それに代わりうる人からの愛情を感じる時間には、いろいろな時間があるだろう。中でも特に、肌のぬくもりを感じながら、目を見つめあい、心のこもった声で優しく語りかけてもらう時間は、赤ちゃんにとって何ものにも代えがたい至福の時なのではないだろうか。そしてまだ言葉を話すことができない赤ちゃんが全身を使って一生懸命に返す反応に、ひとつひとつ応えてもらうことで、赤ちゃんは自分がかけがえのない存在であることを体感し、それを伝えてくれた人への信頼感を育んでいく。その信頼する人が言葉で愛情を伝えてくれた経験を通して、赤ちゃんは同時に言葉への信頼も育んでいくのだ。そしていつか自分が言葉を話せるようになった時に、今度は自分が感じたことを、身体だけではなく言葉を使って伝えるようになるのだろう。それが社会で共に生きていく人たちと、言葉を使って理解しあおうとする、最初の一歩だ。

私たちは、地球に生きる人々が、自分が感じた思いや考えを暴力ではなく言葉で伝えあい、互いの間に問題がある場合には、人間への信頼を基《もと》に時間をかけて話し合いで解決していくことができれば、そこに争いのない世界をつくっていく糸口が見つかるのではないかと考えてきた。その最初の源が、赤ちゃんの時に語りかけてもらう親から子どもへの愛情あふれる言葉にあることを思った時、私たちはそこにブックスタートの本質を見出した気がしたのである。

マカオでのブックスタート国際会議の際に、ブックスタートの発案者であるウェンディ・クーリングさんは次のように語った。「英国に日本からの視察団が訪れた時、私たちは、まあ、日本が興味を持っているんだわと驚き、そして、これは何か大きなことにつながっていると気づいたのです。もはや〝英国の〟ではなくて〝世界の子どもたちのために〟なのだと。」

それぞれの国のそれぞれのまちでブックスタートに関わる私たちは、国の違いを越えて、これからの地球に生きていく赤ちゃんたちが、平和な世界で幸せになってほしいという思いを共有しているのではないだろうか。

私たちが活動を日本に紹介した当初は、ブックスタートは赤ちゃんと保護者の間にあたたかい言葉が交わされる時間を作り出す活動だと思っていたが、実際にはブックスタートを通して、保護者と地域の人とが出会い、言葉を交わし、さらにブックスタートに携わる人同士が立場を越えて、話し合いを重ねながら気持ちを通わせていることに気づいた。現代社会に生きる私たちの生活は、できる限り人と関わらず、対話を避ける傾向にあるとも言われる。そんな中で赤ちゃんの笑顔を出発点として、知らない人とあえて言葉を交わして向き合うブックスタートは、私たちに人とともに生きていくことの喜びを改めて教えてくれているのかもしれない。

どの時代にも、世界のどの地域にも赤ちゃんは生まれ続ける。一人ひとりすべての赤ちゃんのまわりにShare booksの時間を届けるために、これからもブックスタートは続いていくだろう。そしてブックスタートを実施するまちに、地域の将来や赤ちゃんたちの未来について情熱を持って考え続ける人たちがいる限り、ブックスタートは常に発展しながら継続していくだろう。

この本を読んでくださった方の中に、これからのブックスタートの広がりを一緒に追い求め、赤ちゃんの笑顔に笑顔で応える「私たち」の輪に加わってくださる方がいるなら大変ありがたい。
最後に本書の刊行にあたって、資料提供や取材、インタビューにご協力くださった実施自治体や各方面の関係者の方々、また原稿を本として形にするまでに貴重な助言を与え、力を貸してくださった方々、そしてこの十年の間、ブックスタートに共感し、その広がりと深まりに力を尽くしてくださったすべての方々に深く感謝申しあげる。

二〇一〇年二月

NPOブックスタート

編著者　NPOブックスタート（特定非営利活動法人 ブックスタート）

日本のブックスタートの推進団体．活動の正確な理念を伝え，ブックスタートを実施する自治体や実施を検討する地域等に対して様々な情報提供や支援活動を行う民間の非営利組織．2001年4月に「子ども読書年推進会議」内の「ブックスタート室」が発展するかたちで「ブックスタート支援センター」として発足．2002年1月に，独立した中立的な立場から継続的な推進活動を展開することを目指し，東京都からNPO法人の認証を受ける．活動発祥の国，英国の推進団体「ブックトラスト」やほかの国々・地域の推進団体とも連携し，各国の経験を共有しながら，世界に向けてブックスタートを紹介する取り組みも行っている．

理事

秋田喜代美（東京大学大学院教育学研究科教授）／相賀昌宏（（財）日本児童教育振興財団理事長）／大日向雅美（恵泉女学園大学人間社会学部教授）／黒井健（絵本作家）／小峰紀雄（（社）日本書籍出版協会理事長）／榊原洋一（お茶の水女子大学人間発達教育研究センター教授）／佐々木邦明（佐々木こどもクリニック院長）／佐々木宏子（鳴門教育大学名誉教授）／皿田美和子（東京都公立保育園研究会元会長）／白井哲（NPOブックスタート代表兼事務局長）／中多泰子（（社）日本図書館協会児童青少年委員会委員）／野間佐和子（（社）読書推進運動協議会会長）／古屋文明（（社）日本出版取次協会会長）／前田昇（とっとりの子ども読書ネットワーク会議事務局長）／松居直（児童文学者・NPOブックスタート会長）／三石知左子（葛飾赤十字産院院長）

監事

佐藤涼子（全日本語りネットワーク運営委員長）／三浦修（税理士）

事務局

事務局長：白井哲／組織運営・事業企画：斉藤かおり／組織運営・総務経理：牧野未央子／広報：鎌田まり子／地域支援：出原道恵，三上絢子，大津智美，安井真知子／物流：前田容子
アジアネットワーク事業：佐藤いづみ

（2010年2月時点）

住所　〒162-0814 東京都新宿区新小川町5-19角田ビル3階
電話　03-5228-2891
Fax　03-5228-2894
Email　infobs@bookstart.or.jp
URL　http://www.bookstart.or.jp/

赤ちゃんと絵本をひらいたら
ブックスタートはじまりの10年

2010年 2月24日 第1刷発行
2019年11月 5日 第3刷発行

編著者 NPOブックスタート

発行者 岡本 厚

発行所 株式会社 岩波書店
〒101-8002 東京都千代田区一ツ橋2-5-5
電話案内 03-5210-4000
https://www.iwanami.co.jp/

印刷・三陽社 カバー印刷・半七印刷 製本・牧製本

ISBN 978-4-00-022058-3 Printed in Japan

読む力は生きる力　脇　明子　四六判二〇八頁　本体一七〇〇円

子どもの育ちを支える絵本　脇明子編著　四六判二〇六頁　本体一九〇〇円

「子育て支援が親をダメにする」なんて言わせない　大日向雅美　四六判二二二頁　本体一七〇〇円

赤ちゃんの不思議　開　一夫　岩波新書　本体七四〇円

心に緑の種をまく
――絵本のたのしみ　渡辺茂男　岩波現代文庫　本体一二二〇円

――岩波書店刊――

定価は表示価格に消費税が加算されます
2019年10月現在